成长也是一种美好

1小时学会纳税

郭维真　施志群 / 著

人民邮电出版社
北京

图书在版编目（CIP）数据

1小时学会纳税 / 郭维真，施志群著. -- 北京 : 人民邮电出版社，2022.5
ISBN 978-7-115-58722-0

Ⅰ．①1… Ⅱ．①郭… ②施… Ⅲ．①纳税－税收管理－中国 Ⅳ．①F812.423

中国版本图书馆CIP数据核字(2022)第031229号

◆ 著 郭维真 施志群
责任编辑 黄琳佳
责任印制 周昇亮

◆人民邮电出版社出版发行　　　　北京市丰台区成寿寺路11号
邮编 100164　电子邮件 315@ptpress.com.cn
网址 https://www.ptpress.com.cn
河北京平诚乾印刷有限公司印刷

◆开本：700×1000　1/16
印张：13.25　　　　　　　　　2022 年 5 月第 1 版
字数：260 千字　　　　　　　2022 年 5 月河北第 1 次印刷

定　价：69.80 元

读者服务热线：（010）81055522　印装质量热线：（010）81055316
反盗版热线：（010）81055315
广告经营许可证：京东市监广登字 20170147 号

推荐序一

税法，乃平衡协调经济利益之法。在我国现行法律体系中，它不再是按传统调整对象标准划分出的单独的部门法，而更多地体现为一个综合性的领域法。税法中既有涉及国家根本关系的宪法性规范，又有深深浸透着宏观调控精神的经济法内容，更包含着大量规范行政管理关系的行政法则。此外，税法中关于税收犯罪方面的定罪量刑具有很强的专业性，落实税款征收的保障措施也需要借助民法相关制度。

税收关系到每一个人的生老病死、衣食住行，和老百姓们的生活息息相关。近年来，人们对税法在市场经济体制中作用的认识日渐深入，税法学界和实务界越来越多的人开始主动挖掘理论和实践资源，重视比较研究，撰写了一些高质量文章。

郭维真和施志群所著的《1 小时学会纳税》一书内容由浅入深，书中既包含了对制度和法规的介绍，又融汇了和税法实践与税收热点相关的问题，做到了税法理论与实践的融合共进，是一本见微知著的好书。

本书的案例和热点源于实务，立足于实务。全书选取了大量税务行政处理、涉税司法裁判案例以及税法热点议题，这些案例与热点在主体上涉及企业与个人，内容方面涵盖多个税种，介绍了不同的税收环节，选取的案例具有代表性、适用普遍性以及鲜明的时代性特征。

本书的语言平实易读但内容不失理论高度，比如本书第二部分对社会税收热点的介绍与解读，在接地气的同时，对涉税焦点的提炼与论述也很有深度与高度，令人耳目一新。

本书对税务行政处理与涉税司法裁判过程中产生的新问题在理论层面进行了有益探索，具备较强的前瞻性。

郭维真与施志群都是我指导过的学生，他们在求学期间就展现出勤学好思、善于创作的特点。现在出版的这本著作，可以帮助更多人接触税法、了解税法、运用税法，作为他们的老师，我感到十分欣慰。衷心希望二位能够在自己的岗位上取得更多的成果，为实现税收法治贡献自己的一份力量。

刘剑文

教育部长江学者特聘教授，北京大学教授、博士生导师

推荐序二

学会纳税没那么难

作为一名在税务领域从业逾 30 年的实务工作者，我和许多专业人士有同样的感受，即许多纳税人对税收既熟悉、又陌生。言其熟悉，是因为纳税人长年累月地纳税；言其陌生，则是因为提到税收，纳税人更多的是"知其然而不知其所以然"。

为什么会这样呢？大概是因为税收内容很复杂，大部分人想学也未必学得会、学得好，事实也的确如此。我们暂且不讨论那么多税种，仅以个人所得税为例，在法律、法规、规章之外，还有国家税务总局发布的规范性文件，其中现行有效的文件多达几百份。针对某些或某个税法问题，税务机关、纳税人、涉税专业服务机构及税法专家、学者可能会有不同的认识或解读。

笔者认为，税法若规定得不够明确，必然会在执行的过程中引发争议。近年来，公众十分关注税务机关对文娱明星、网红的查税案件，案中爆出了多种"偷税"手段，但多个案件的关注重点都在这些纳税人取得的收入性质是"劳务报酬所得"还是"经营所得上"。其实，我们只要看看税法规定，就可以明白，即使是专业人士，也未必能就《中华人民共和国个人所得税法实施条例》的第六条"劳务报酬所得"中列举的个人从事"咨询"以及"其他劳务"取得的所得，与"经营所得"中列举的个人从事"咨询以及其他有偿服务活动"取得的所得和"其他生产、经营活动"取得的所得，究竟有哪些不同、区分标准是什么而达成共识。

多年来，财税法领域的专家、学者不断地撰写著作并举办相关学术活动，这对税收立法、税收执法、税收司法起到了推动作用，税务机关开展的税法宣传工作和纳税服务工作也取得了显著成效，专业人士出版的一些税务方面的图书也非常有价值。然而，对大量尚不具备一定程度专业知识的普通纳税人来说，适合他们学习的税务书仍很欠缺。

在此情形下，我看到了《1 小时学会纳税》，心中既喜又忧。喜的是，这确实是本为普通纳税人写的书，可以拉近他们与税法之间的距离；忧的是，"1小时学会纳税"，可行性强吗？

细读之后，我的担心没有了，因为这是一本适合普通纳税人的好书。之所以说它好，有三个理由。

首先，这本书实际、实用。全书包括 48 个案例和 18 个热点问题。从选题角度来看，它们讨论的都是普通纳税人日常生活中会遇到或关注已久的问题，范围包括房屋的买卖、装修、出租，年终奖、竞业补偿金，平台代发工资，股权转让、股权代持，对赌协议，代缴税款，民间借贷，股东借款，网络游戏、网络红包、网络直播，以及电商刷单等问题，此外，还涉及阴阳合同、虚开发票、货物代销、运输费用进项税额抵扣，以及高新技术企业资格认定等问题，书中列举的都是一些实在的问题；从体例上看，书中既有案情介绍，又有对案件或议题的梳理、分析，旨在透过案件说明应如何正确适用法律，了解法院是如何进行裁判的，案件具有现实意义。

其次，本书简洁、易懂。每个案例和热点问题的文字都不多，读者用较短的时间就可以读完一个案例或热点问题；作者论述得清晰明了，读罢，读者完全可以知悉、理解每个案例或热点问题涉及的事实与争议、焦点与理由、结论与依据。

最后，本书给予纳税人提示、指导。全书通过对案例或热点问题进行介绍、梳理、分析，提示纳税人应依法纳税、依法履行纳税义务，否则将会为公司或个人带来税务风险，例如，签订阴阳合同有风险（案例4），协助他人签订阴阳合同同样有风险（案例5）；企业利用私人账户收款却不申报纳税属于"偷税"（案例6），协助他人偷税也要承担法律责任，通过"虚假诉讼"也不一定能达到目的（案例8）；通过网签低价卖房可能构成"偷税"（案例7）；股东借钱不还，可能被征收个人所得税（案例25）；向自然人支付股权转让款，支付方未代扣代缴个人所得税的，会被处以罚款（案例34）……通过阅读相关案例或热点问题，每位读者都可以明白，若遇到同样或类似的问题，怎么做才能规避风险。

作者还通过案例告诉纳税人，不同税务问题之间是有关联性的，税务问题本身是复杂的。例如，企业环保违法，会失去享受税收优惠政策的资格（案例1）；网络主播向法院提起诉讼索要报酬，当事人双方被税务机关责令补缴税款、滞纳金或被处以行政处罚（案例35）；虚开增值税专用发票问题性质复杂，货票分离不一定构成"虚开"（案例2）；资金回流不一定构成虚开，虚开也不一定需要资金回流（案例3）……因此，当纳税人遇到类似的税务问题时，应谨慎对待，不能妄下定论。

本书共有两位作者，一位是卓有成就的学者，一位是业绩斐然的税务律师。这本书是兼顾学术与实务的著作，我相信读罢本书，许多纳税人会发现原来"学会纳税"没有那么难，并且终将对税收问题"知其然，也知其所以然"。

感谢作者的邀请，我很荣幸能为本书作序。

王朝晖

北京金诚同达律师事务所高级合伙人

2022年4月

序言

随着我国经济水平不断提高，就个人而言，人们的收入来源日益多元化，收入水平也在不断提高；就企业而言，企业的经济交易形式日趋复杂，涉税事项不断增多。与此同时，我国正处于税制改革和税法变革进程中，企业和个人不仅应该熟悉并掌握基本的税法制度、关注自身的纳税义务和涉税风险；也应该学会运用税法，保护自己的合法权益。可以说税法和我们每个人的关系越来越密切，人人都需要懂点税法。

本书的写作基于上述背景，介绍了大量案例，让读者对于税法的基本知识能有更为感性的认识。

为方便读者阅读，本书在体例安排上分为案例与热点两个部分。

案例部分，主要选取了 48 个较为典型的税务行政处理或涉税司法裁判案例。在编排顺序上，第 1 到第 23 个案例，主要为企业相关的税务案例，内容上既包括企业作为纳税人、扣缴义务人的相关税务合规问题，也包括其作为第三方的涉税法律责任问题，税种涵盖增值税、消费税、所得税等。同时对属于热点议题的高新技术企业、电商企业、非企业组织做了专门的案例说明。第 24 到第 37 个案例，主要为个人相关的税务案例，税种以所得税为主，既涉及常见的不动产买卖问题，也涉及近年来较为典型的关于部分所得的税收问题，具体包括竞业限制补偿金、网络红包、股权转让、民间借贷、对赌协议等问题。第 38 到 42 个案例，主要为涉及环境保护税、契税等税种的典型案例。第43 到 48 个案例，主要为与税收征管相关的一些具体案例，包括对退税、追征期、滞纳金等问题的探究，税收法治不仅要求纳税人遵守税法，同样也对税务机关依法行政提出了一些要求。

案例部分，在写作体例上，本书采用了案情与分析相结合的模式，在分析部分通过对法律法规条文的梳理，明确了具体案件应如何适用相关法律法规，并对税务机关与纳税人的争议焦点进行了梳理。

热点部分，本书主要选取了 18 个或具有适用普遍性，如年终奖、职工福利、实习生工资等议题；或具有鲜明时代性，如海淘网购、新业态、股权代持等具有代表性的税法热点议题进行了解读。在写作体例上，针对热点问题所涉及的税收要素以及法律法规的适用进行了分析。笔者特意为读者绘制了六幅思维导图，供读者快速学习、掌握纳税常识。

在阅读本书的过程中，相信读者会发现，许多案例情形看似相同，但税法适用的结果却大相径庭，其中原因既包括不同税务机关处理决定相异，也包括不同法院、不同法官出现了"类案异判"的情况，这背后反映的正是税法及其适用的复杂性。

社会经济生活的多元化程度和经济交易的复杂性正不断加剧，在现实世界中，人们不但需要对税法规则有所了解，更需要对交易的每一个步骤及其可能对税法适用产生的影响有着更为清晰的认知。本书正是提供了这样一个比较的视角，希望在介绍清楚制度和规则的同时，也为读者的涉税交易安排提供更多的选择。当社会经济生活的每一个主体都能够了解税法及其在实践中的适用，将能够更好地对自身的经济行为进行合理合法的规划和安排，在某种程度上也会推进税法规则不断完善。

由于税法政策在不断变化，本书在写作过程中，也不断在对最新政策予以更新和回应，也不排除读者们在阅读本书的时候，一些政策又产生了新的变化。但本书案例分析的过程，也是对税法基本原理的解读过程。因此，政策细节变化并不影响案例分析思路，读者们也不必因此产生困惑。

思维导图

许多纳税人对税收既熟悉又陌生，对于不具备相关专业知识的普通纳税人来说，仍需要借助简单的图形来帮助理解、学习纳税的一些基本常识。本书的 6 幅思维导图可以帮助读者快速了解并掌握税收的重点、难点、热点，方便个人建立属于自己的纳税知识框架。

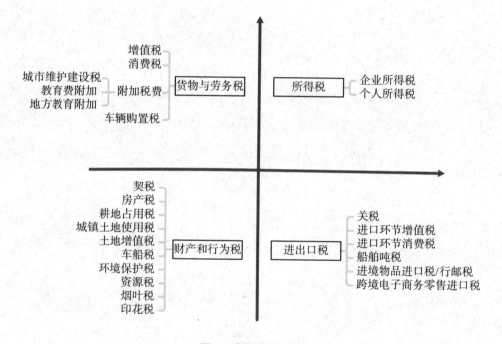

图 1　我国现行税种

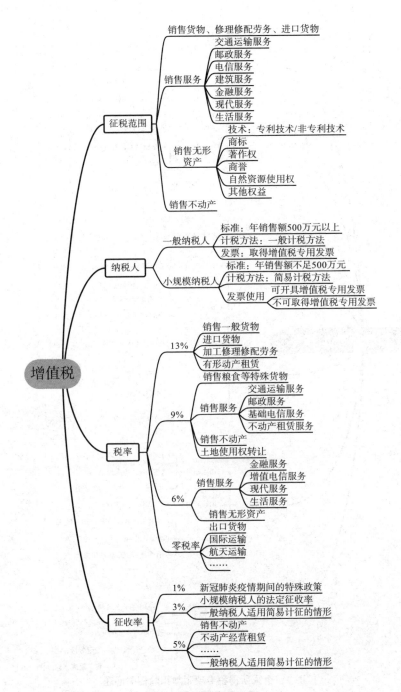

图2 增值税相关问题

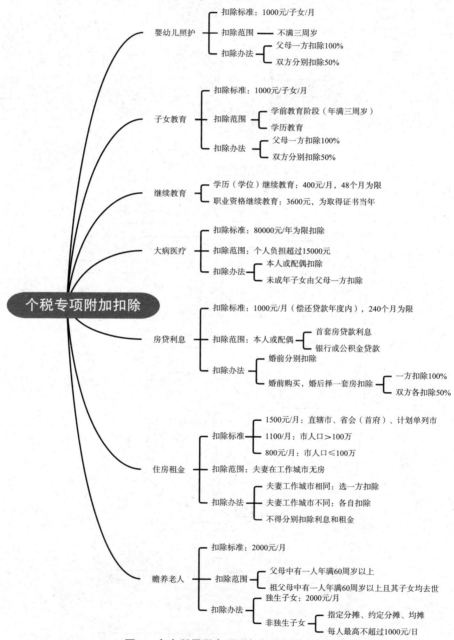

图 3　个人所得税专项附加扣除相关问题

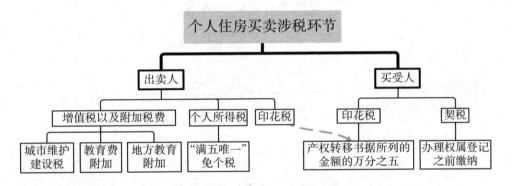

图 4　个人住房买卖涉税环节

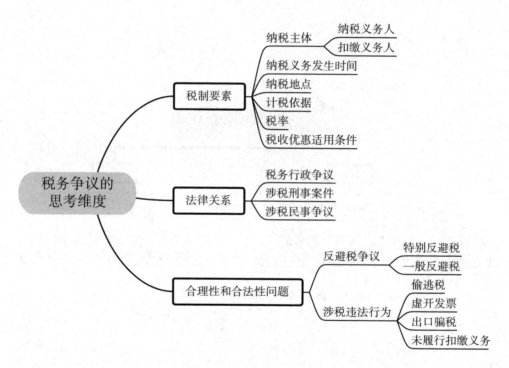

图5 税务争议的思考维度

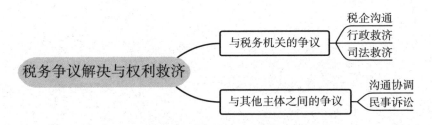

图 6 税务争议解决与权利救济

目录 /Contents

热点篇

案例篇

稻盛和夫：企业经营的真正精神就在于珍惜税后利润。

1 企业环保违法，导致丧失税收优惠

2015 年 9 月 23 日，某市生态环境局对甲水泥公司出具《环境保护局行政处罚决定书》，对甲公司作出罚款 5 万元的行政处罚。

2020 年 5 月 9 日，甲公司接到主管税务局做出的《税务通知书》，被告知甲公司因存在行政处罚 5 万元，不得享受财税〔2015〕78 号通知所规定的增值税即征即退政策，并需返还处罚后 36 个月内的增值税即征即退退税款 3600 余万元。

2020 年 5 月 13 日，甲公司向法院提起行政诉讼，要求确认被告某市生态环境局于 2015 年 9 月 23 日做出的《环境保护局行政处罚决定书》无效。本案经一审、二审、再审，甲公司的诉讼请求均被驳回。

增值税即征即退政策，是指对按税法规定缴纳的税款，由税务机关在征税时部分或全部退还纳税人的一种税收优惠政策，实质是一种免税和减税的特殊方式。在这种方式下税款返还及时，并且操作程序简单易行。

《财政部　国家税务总局关于印发〈资源综合利用产品和劳务增值税优惠目录〉的通知》（财税〔2015〕78 号）规定，纳税人销售自产的资源综合利用产品和提供资源综合利用劳务，可享受增值税即征即退政策。同时该通知第四条规定，已享受本通知规定的增值税即征即退政策的纳税人，因违反税收、环境保护的法律法规受到处罚（警告或单次 1 万元以下罚款除外）的，自处罚决定下达次月起的 36 个月内，不得享受本通知规定的增值税即征即退政策。

本案中，甲公司应在受到生态环境局处罚的次月，即 2015 年 10 月起的 36 个月内无法享受增值税即征即退政策，已经享受的需要补缴对应期间的税款及滞纳金。

2021 年 12 月 30 日，财政部、税务总局发布《财政部 税务总局关于完善资源综合利用增值税政策的公告》（财政部 税务总局公告 2021 年第 40 号），该公告于 2022 年 3 月 1 日起施行。公告对前述财税〔2015〕78 号的相关制度进行了修订，将企业的环保问题纳入事前审查范围。即纳税人在申请享受即征即退政策时，申请退税税款所属期前 6 个月（含所属期当期）不得发生因违反生态环境保护的法律法规受到单次超过 10 万元以上罚款的情况。虽然涉及金额有所提升，但企业的环保合规管理工作并没有因此而变得松懈。

一方面，从税收行政协助角度来看，近年来，税务部门依托大数据平台与环保部门进行情报交换，可获得近年来相关企业的污染物排放数据和环保行政处罚信息，并可以重点排查企业"应享未享""不能享却享"等环保税风险疑点。

另一方面，从罚款的力度来看，多部与环保相关的法律法规都规定了相关的法律责任与处罚标准，2019 年修订的《中华人民共和国土壤污染防治法》、2020 年修订的《中华人民共和国固体废物污染环境防治法》更是加大了相应处罚力度，部分违法行为的处罚下限为 10 万元。《中华人民共和国环境保护法》实施按日计罚规则，对于有违法排污行为且在限期内拒绝改正的企业，罚款数额按日累计且上不封顶。换句话说，因违反生态环境保护的法律法规而受到 10 万元以上罚款的企业不在少数，一旦受罚，企业将失去享受增值税即征即退政策的资格。

实际上，企业在受到环境行政处罚后，不仅 6 个月内无法享受增值税即征即退政策，还会受到其他负面影响。比如，已认定的高新技术企业有严重环境违法行为的，会由其认定机构取消其高新技术企业资格，并追缴相关税款；软件产业和集成电路产业发展企业有环境违法、违规行为，受到有关部门处罚的，取消其享受税收优惠政策的资格，并让其补缴已减免的企业所得税税款。对于上市公司和拟上市公司来说，还可能影响到其信息披露、重大资产重组、证券发行等流程的进行。

环境违法成本加大进一步提示了相关企业要增强风险意识，在合法享受税收优惠政策的同时，不能忽视环保工作，应依法合规经营。

2 货票分离是否构成虚开

甲公司在无货物购销额情况下，取得了乙公司开具的 180 余份增值税专用发票，发票金额合计 1.8 亿余元，税额合计 3120 余万元，价税合计 2.1 亿余元，该进项税额 3120 余万元已经申报抵扣。

此外，在没有真实货物交易的情况下，甲公司向其他三家公司共开具了190余份增值税专用发票，金额合计1.8亿余元，税额合计3200余万元，价税合计2.2亿余元。并从中收取费用60余万元。

据此，甲公司的主管税务机关以偷税为由追缴甲公司税款3000余万元，罚款3170余万元，并将其移送至司法机关；甲公司不服，向法院提起诉讼，请求撤销相关处罚。

本案从形式上来说，甲公司与上游开票企业、下游受票企业之间均无直接的货物购销关系。但在一、二审诉讼程序中，甲公司一直主张存在720余吨石油的真实货物交易，并经一审法院准许提交了销售通知单和甲公司某油库付油交运单等直接证据。因此本案属于典型的货票分离。

货票分离在本案中的具体体现为，石油从乙公司处转至三家公司处，而不是由乙公司直接交付给甲公司，或者由甲公司直接交付给三家公司。从而使得无论是乙公司与甲公司、还是甲公司与三家公司，都出现了货票分离的现象。那么货票分离是否构成虚开呢？

首先，从货物流来看，在市场交易中，交易双方为了增加利润，减少中间过程以及通过减少仓储等方式降低成本是一种经营和交易的常态。

其次，从资金流来看，在市场交易中，市场主体不仅处在一笔交易中，还处在多笔交易形成的不同的债权债务关系中，一笔交易的资金既可以由第三人支付，也可以向第三人支付。

最后，从发票流来看，发票流并不必然与资金流、货物流相一致，但需与合同当事人相一致，换言之开票方与受票方之间应存在民商事合同关系。至于发票的交付方式，在法律并未明确规定的情况下，交付的方式和过程只要不违反法律的禁止性、强制性规定即可。

由此可见，如果简单地将交易行为理解为金钱和产品的直接交付，不但会为企业带来麻烦，甚至会严重冲击现代金融制度和民商事法律制度。

本案经历了一审、二审和再审。

再审法院对于本案中的事实认定提出的意见也正是对货物流问题的回应。再审法院认为，甲公司提交了付油交运单等直接证据以证明存在真实的货物交易，但一审法院并没有对该证据的证明力予以分析，而是径自认定甲公司的该项主张"缺少充分的证据予以证明"。二审法院也没有对证据予以回应和查证，存在漏审和事实不清的可能。同时二审法院对于甲公司与上下游企业之间无直接购销关系是否属于大宗原料交易中的"指示交付"、是否符合行业交易习惯等，也没有予以查明、认定。因此再审法院裁定撤销一审、二审判决，发回重审。

本案对于企业来说具有重要的意义，不存在真实交易是被判定为虚开的前提，而什么是真实交易？真实交易既不要求货款已经支付，也不要求货物已经发出，同时货款与货物并非必须只在交易双方之间流动。在大宗商品交易中，货物往往经过多次流转，最终销售给了实际使用人，中间参与交易的各方之间不发生货物流转，而是由最终的实际使用人从货源处自提，货源处的销售方对最终提货者状况并不知情，只能根据购买方的指示交付货物。这种情况下，货物的所有权实际上产生了转移，也并未出现"货票分离"现象，因此并不属于虚开。

3 资金回流是否构成虚开

某市国税稽查局 2016 年 11 月 25 日对甲公司做出税务行政处罚决定，认定甲公司 2010—2014 年通过虚开增值税专用发票和农产品收购发票的方式，进行了虚假纳税申报。其中：

（1）在未发生真实药品交易情况下，其取得乙公司和丙公司虚开的增值税专用发票共计 351 份，税额 693 万余元，价税合计 6020 万余元；

（2）未发生农产品收购业务，虚开农产品收购发票金额合计 7250 万余元，申报抵扣进项税 940 万余元。

该市国税稽查局对甲公司少缴税款处一倍罚款，即罚款 1630 万余元。甲公司遂以某市国税稽查局为被告，向法院提起行政诉讼，请求撤销该处罚决定。

某市中级人民法院一审认为，某市国税稽查局对甲公司做出的被诉税务行政处罚决定认定事实不清，主要证据不足。同时，某市国税稽查局还存在调取账簿资料未经依法批准，超过税务检查期限检查未经依法批准，未按《税务稽查工作规程》① 规定，在

---

① 《税务稽查工作规程》：2021 年已正式更名为《税务稽查案件办理程序规定》。

提请重大税务案件审理委员会审理前向行政相对人送达《税务行政处罚事项告知书》，未充分听取并复核行政相对人的陈述申辩意见等违反法定程序的情形。此外，某市国税稽查局亦未按照重大税务案件审理委员会的审理意见做出处罚决定。一审判决撤销了某市国税稽查局做出的被诉税务行政处罚决定。

本案中税务机关认定甲公司虚开的主要事实如下：乙公司和丙公司通过动用相关人员账户，将资金回流到甲公司相关人员账户。

所谓资金回流，主要是指在虚开增值税专用发票的案件中，为掩盖虚开的事实，行为人制造存在真实交易的假象，从而虚构交易。虚构交易诸多环节中的一环便是支付虚构交易款项，而支付的交易款项最终要以各种形式回流到支付方，可以是直接转回支付方的账户，更常见的情况是转回支付方主要负责人或相关人员的账户。

如果说资金回流是虚构交易的重要环节，那么是否意味着存在资金回流即是虚构交易，从而会构成虚开？

首先，虚开与资金回流之间的关系属于目的与手段的关系。换言之，并非所有虚开案件都存在资金回流、支付开票费。如果企业之间存在关联关系，实际控制人为同一人，那么则无须资金回流。因此虚开并不必然采用资金回流的方式。而从法律和行政法规的规定来看，也未将资金回流作为认定虚开的唯一判断标准。

其次，由于现代商业活动中经济往来日益复杂、频繁，在具体案件中，若要判断开票方与受票方的资金往来是否属于为了虚构交易而进行的资金回流，需要进行全面调查，并且必须结合纳税人的生产经营能力、物流情况、购销情况等进行综合考量，不能仅凭交易片段武断地认定存在虚开。

而在本案中，法院认为税务机关仅认定涉及资金回流，但并未对甲公司是否有向乙公司和丙公司二家公司支付款项、支付款项金额等事实做出认定，存在认定事实不清现象，最终做出了撤销行政处罚决定的判决。

明确什么样的资金回流最终会指向虚开，对于企业日常经营行为合法合规化来说至关重要，当资金回流符合以下几种情形时，应当予以特别关注：双方均有资金回流的意思且就该笔交易本身以资金回流为条件；资金回流缺乏合理的商业目的；资金回流账户与交易对方账户不符或其为隐蔽账户。

 阴阳合同是否构成逃避缴纳税款

2005 年 5 月，林某甲出资 50 万元，通过林某某和卢某某代持股权，成立了甲公司。2007 年，甲公司取得乙公司的四套柴油发电机组及面积约 16 万平方米的六幅土地。

2008 年 1 月，根据林某甲的要求，林某某和卢某某将甲公司的 100% 的股权，包括名下资产四套柴油发电机组和面积约 16 万平方米的六幅土地，以 50 万元价格转让给丙公司。

2012 年 1 月 1 日至 2013 年 12 月 31 日期间，由林某甲担任丙公司法定代表人。

2012 年 3 月 15 日，丙公司与丁公司双方签订股权转让合同，由丙公司将其控股的甲公司 100% 的股权以 50 万元转让给丁公司，该股权转让合同被用于入账和办理工商登记手续。双方同日另行签订了补充协议，约定转让价格为 4280 万元。

此后，丁公司法定代表人张某某前后共支付给林某甲和丙公司 4400 万元（包含 120 万元滞纳金），丙公司仅入账 50 万元，其余 4350 万元由林某甲个人收取，未在丙公司账上反映，也未向税务机关申报纳税。

某市国税稽查局将丙公司的上述违法行为定性为偷税，由于丙公司不配合税务机关检查工作，且违法行为比较严重，某市国税稽查局决定对丙公司处以金额为其偷逃税款一倍的罚款（约为 1087 万元），并于 2017 年 3 月 16 日做出《税务行政处罚决定书》。丙公司不服，向该省国税局申请复议，复议机关维持处罚决定。丙公司提起行政诉讼，法院判决驳回了丙公司诉讼请求。

本案中，税务机关查明丙公司与丁公司在股权转让合同之外，另行签订了补充协议，股权转让价款共计 4400 万元（其中股权转让款为 4280 万元，滞纳金为 120 万元）。而丙公司账上只反映了通过银行收款方式收取了 50 万元，其余 4350 万元股权转让款一直未在账上反映，也未按规定申报缴纳企业所得税。

丙公司的上述行为属于典型的利用阴阳合同逃避国家税款行为。所谓"阴阳合同"，是指合同当事人就同一事项订立两份以上内容不同的合同，一份对内，也是确认双方权利、义务的主要依据；一份对外公开，但并非双方的真实意思表示，而是以逃避国家税收等为目的。

采用签订阴阳合同的手段，既符合《中华人民共和国税收征收管理法》[①]第六十三条关于偷税的描述，即"在账簿上多列支出或者不列、少列收入"，也符合《中华人民共和国刑法》第二百零一条中关于逃税罪的描述，即"纳税人采取欺骗、隐瞒手段进行虚假纳税申报或者不申报，逃避缴纳税款"。当纳税人逃避缴纳税款数额较大，并且其金额占应纳税额总额的百分之十以上时，纳税人应承担刑事责任。

本案中，虽然丙公司账上显示其并未收取4350万元的款项，而由当时担任法定代表人的林某甲收取，但根据双方的补充协议，丙公司指定林某甲是4230万元股权转让款及逾期补偿款共计4350万元的收款人。虽然付款方为丁公司的法定代表人张某某，但二人收付款项的行为实际上代表了各自所在公司正履行合同约定的付款义务或收款权利，所产生的法律责任亦应由其所属公司承担。

此外，本案中即便不存在"阴合同"，即补充协议，税务机关也可根据《税收征管法》第三十五条"纳税人申报的计税依据明显偏低"对其纳税情况进行核定。本案中的转让标的为丙公司100%股权，包括名下资产四套柴油发电机组和面积约16万平方米的六幅土地。而四套柴油发电机组及面积约16万平方米的六幅土地，是甲公司通过法院拍卖和以抵债的形式取得的。因此税

[①] 《中华人民共和国税收征收管理法》：下文将简称为《税收征管法》。

务机关有权根据《中华人民共和国税收征收管理法实施细则》第四十七条的规定，核定应纳税额。

根据甲公司 2011 年审计报告，六幅国有土地使用权原值为 1300 余万元（2008 年取得），截至 2011 年度摊销后，账面净值为 1070 余万元，再考虑到土地升值等因素，有理由认为补充协议约定的转让价格 4280 万元有其价值基础。

同时，本案除了涉及行政处罚，由于逃避税款数额较大且占应纳税额百分之十以上，已经达到追究刑事责任的标准。根据《中华人民共和国刑法》第二百一十一条规定，单位犯本节第二百零一条规定之逃税罪的，对单位判处罚金，并对其直接负责的主管人员和其他直接责任人员依照该条的规定处罚，丙公司的副总经理和会计应被依法追究刑事责任。本案中，被告人卢某某、黄某某为直接责任人员，根据判决书，被告人卢某某犯逃税罪，被判处有期徒刑三年，缓刑四年，被并处罚金 2 万元；被告人黄某某犯逃税罪，被判处有期徒刑三年，缓刑三年，被并处罚金 1.5 万元。

5 房产中介协助交易双方签订阴阳合同受到行政处罚

北京某房地产经纪有限公司在本市某小区存量房买卖居间服务过程中，与出卖人、买受人签订《签约文本》与《房屋买卖居间服务合同书》，其中约定交易价款为 1120 万元，并以此价款为基数收取了居间代理费。后公司又协助交易当事人为规避房屋交易税费，就同一房屋签订不同交易价款的合同提供便利，按照 285 万元的交易价款在存量房网签系统中录入、提交并打印了该套房屋的《北京市存量房屋买卖合同》。根据《房地产经纪管理办法》第三十七条的相关规定，北京某房地产经纪有限公司被北京市住建委责令改正，并被处以罚款 3 万元。

不仅该地产中介，不少大型房地产经纪公司也曾出现利用阴阳合同规避税费等违规行为。根据北京市住建委官网行政处罚的公示，北京某某置地房地产经纪有限公司 2021 年 7 月就 6 次因"协助交易当事人为规避房屋交易税费，就同一房屋签订不同交易价款的合同提供便利"被行政处罚，被罚款共计 18 万元。而另一家公司仅在 2021 年 7 月 6 日当天就收到了 3 份行政处罚决定书，公司由于为房屋买卖双方签订不同交易价款的合同提供便利，被认定构成交易当事人规避房屋交易税费的违法行为，罚款共计 9 万元。

房屋交易中，买卖双方均存在不同类型的缴税义务。对于买方而言，主要涉及契税；对于卖方而言，则涉及增值税和所得税，当符合特定的条件时，可以享受增值税免税或所得税免税的税收优惠政策。

对于不享受优惠政策的卖方而言，一种方法是利用其卖方市场的优势地位，将己方所有的税款通过合同约定或其他方式转嫁给买方承担；另一种方法是隐匿交易价格，将所得以及增值税的差额最小化，乃至降为零。对于前一种情形，虽然对于卖方而言存在税负转嫁，但国家整体的税收利益并没有减少。后一种情形往往采用签订阴阳合同的形式，备案是一个价格，实际成交时却使用另一个价格，属于虚假申报，涉嫌偷逃税款。因此对于房地产中介协助卖方人或购房人非法规避房屋交易税费的行为，《中华人民共和国税收征收管理法实施细则》第九十三条规定，为纳税人、扣缴义务人非法提供银行账户、发票、证明或者其他方便，导致未缴、少缴税款或者骗取国家出口退税款的，税务机关除没收其违法所得外，可以处未缴、少缴或者骗取的税款一倍以下的罚款。

此外，该行为也破坏了房地产交易秩序，《房地产经纪管理办法》第二十五条规定，房地产经纪机构和房地产经纪人员不得有下列行为，其中第五项为"为交易当事人规避房屋交易税费等非法目的，就同一房屋签订不同交易价款的合同提供便利"。中介的上述行为，最终由监管部门即县级以上地方人民政府建设（房地产）主管部门，根据《房地产经纪管理办法》第三十七条，予以行政处罚。根据《中华人民共和国行政处罚法》一事不再罚原则，不能基于同一违法行为给予两次以上的罚款。如果税务机关按照《中华人民共和国税收征收管理法实施细则》第九十三条对其进行了处罚，则政府建设（房地产）主管部门就不得再对其进行处罚。

此外，中介人员协助交易当事人为规避房屋交易税费而订立阴阳合同的行为，还可能涉嫌犯罪。《中华人民共和国刑法》中有关于共同犯罪，即二人以上共同故意犯罪的规定，如"纳税人采取欺骗、隐瞒手段进行虚假纳税申报或者不申报，数额巨大并且占应纳税额百分之三十以上的"，涉及逃税罪时，则可根据中介参与逃税的深度判定其是否构成逃税罪的共犯，如是否直接参与合同操作，是否进行催款收款以帮助交易双方偷逃税款等。

6 利用私人账户收款构成逃避缴纳税款

案例一：

2020 年 4 月，国家税务总局某市税务局第二稽查局（以下简称"第二稽查局"）接到一封实名举报信。寄信人在信中称，M 教育培训公司（以下简称"M 公司"）长期于线上销售课程并收取培训课程费用，其在纳税申报时瞒报了大量业务收入，具有偷逃税款的行为。举报信中还提供了一些微信聊天记录截图和收款账户明细等作为辅助材料。经过严谨核查、仔细寻证，相关部门最终确认包括 M 公司在内的 6 家教育培训公司在网上销售培训课程时经由个人账户收取课程费用，共隐匿收入 1.4 亿元。第二稽查局依法将企业行为定性为偷税，并做出补缴税费 759 万元，加收滞纳金、罚款 370 万元的处理决定。目前，涉案企业已补缴税款 451 万元，案件执行工作仍在进行中。

案例二：

2020 年 6 月 9 日，国家税务总局某市税务局第一稽查局对某市甲公司进行税务行政处罚事项告知书的公告送达。根据该告知书，2017—2018 年，甲公司通过陆某、刘某某的个人账户，收取电动车及配件的销售货款及相关利息收入，合计 2780 余万元，已开具发票进行纳税申报 80 余万元，尚余近 2702 万元未入账、未申报纳税。应追缴增值税 2017 年 160 余万元、2018 年 380 余万元，应追缴企业所得税 2017 年 14 余万元、2018 年近 30 万元。拟对应追缴增值税、企业所得税处 50% 罚款，共计 290 余万元。

《税收征管法》第六十三条第一款规定："纳税人伪造、变造、隐匿、擅自销毁账簿、记账凭证，或者在账簿上多列支出或者不列、少列收入，或者经税务机关通知申报而拒不申报或者进行虚假的纳税申报，不缴或者少缴应纳税款的，是偷税。对纳税人偷税的，由税务机关追缴其不缴或者少缴的税款、滞纳金，并处不缴或者少缴的税款百分之五十以上五倍以下的罚款。"

上述两个案例的共同点是都通过私人账户收取相关款项，案例二主要涉及两个私人账户，其中陆某为涉案公司的法定代表人；而案例一更加复杂，在一定程度上也反映了当前线上经济利用客户分布地域广、零散程度高的特点，常在收款环节利用私人账户收取款项，从而隐匿收入、逃避税款缴纳的现象。

企业利用私人账户收款的同时，一般采用不开发票的方式达到隐匿收入的目的。《中华人民共和国发票管理办法》第四条规定，发票，是指在购销商品，提供或者接受服务以及从事其他经营活动中，开具、收取的收付款凭证。同时该法第十九条规定，销售商品、提供服务及从事其他经营活动的单位和个人，对外发生经营业务收取款项，收款方应当向付款方开具发票。

除了作为完税凭证，发票还可以是收付款凭证。《最高人民法院关于审理买卖合同纠纷案件适用法律问题的解释》（法释〔2020〕17号）第五条第二款规定，合同约定或者当事人之间习惯以普通发票作为付款凭证，买受人以普通发票证明已经履行付款义务的，人民法院应予支持，但有相反证据足以推翻的除外。

对于消费者而言，通过微信等软件对私人账户进行转账，如果不结合其他证据，很难证明自己与销售方之间的消费关系，一旦出现重大纠纷或质量问题，发票相较私人转账记录，是更有证明力的付款凭证。收取发票不仅是消费者的一项权利，也是对国家发票法律制度和税收法律制度的有效维护。

企业如果故意不开发票给消费者，则可能面临被消费者投诉的风险，还会面临来自税务机关的行政处罚。

7 低价卖房是否构成逃避缴纳税款

2006年6月某房地产公司成立，其主要从事房地产开发与销售业务。该公司共开发了甲乙丙三个楼盘项目，其中甲、乙项目已经完成销售，丙项目一期于2015年年底竣工，截至2016年年底，已销售50%以上的房屋。

2017年4月，税务机关对该公司进行税收核查，发现该公司房产销售明细表信息显示，企业已销售的部分房屋与当地同期、同类型房产相比存在价格明显偏低的情况。

　　税务机关调取该公司所有销售房屋的网签备案合同，结合企业销售明细表将其与备案的销售合同进行比较，发现有213份销售合同的单价明显低于该项目其他房屋销售单价。而低价购房人的私人账户与该公司法定代表人王某及其妻子的个人银行账户存在大量资金往来，部分业主承认买房时与该公司签订了阴阳合同，一部分房款通过个人账户转账的方式汇入公司法定代表人王某及其妻子的个人银行账户。

　　经核实，该公司通过合同造假等方式隐匿收入7736万元，构成偷税。

　　企业经营过程中，销售价格或销售收入是一个关键而敏感的数据。《税收征管法》等税收法律法规及规范性文件都对价格明显偏低应予以核定的情况进行了特别规定。《税收征管法》第三十五条第一款规定，纳税人申报的计税依据明显偏低，又无正当理由的，税务机关有权核定其应纳税额。无论是增值税还是所得税，税务机关都可对明显偏低并且无正当理由的销售价格进行调整。

　　何谓明显偏低，目前国家税务总局尚未给出统一标准，个别地方税务机关曾经做出了相关规定，可供参考。例如，《河南省地方税务局转发关于土地增值税清算有关问题的通知》（豫地税函〔2010〕202号）规定，"明显偏低"是指低于该项目当月同类房地产平均销售价格的10%，如当月无销售价格的应按照上月同类房地产平均销售价格计算；无销售价格的，主管税务机关可参照市场指导价、社会中介机构评估价格、缴纳契税的价格和实际交易价格，按孰高原则确定计税价格。

《江苏省地方税务局关于土地增值税有关业务问题的公告》（苏地税规〔2012〕1号）规定，对纳税人申报的房地产转让价格低于同期同类房地产平均销售价格10%的，税务机关可委托房地产评估机构对其评估。纳税人申报的房地产转让价格低于房地产评估机构评定的交易价，又无正当理由的，应按照房地产评估机构评定的价格确认转让收入。

上述两个文件主要涉及土地增值税的适用。此外，《最高人民法院关于适用〈中华人民共和国合同法〉若干问题的解释（二）》（法释〔2009〕5号）虽并非税法解释文件，但也对明显不合理的低价提出了界定标准，转让价格达不到交易时交易地的指导价或者市场交易价百分之七十的即可被定为"明显不合理的低价"。在该司法解释废止后，2021年，《最高人民法院关于印发〈全国法院贯彻实施民法典工作会议纪要〉的通知》也明确了关于不合理的低价的认定标准，即"对转让价格达不到交易时交易地的指导价或市场交易价百分之七十的，一般可视为明显不合理的低价"。

而关于何谓正当理由，国家税务总局也无明确规定，可以参考各地税务局的规定。《江苏省地方税务局关于土地增值税有关业务问题的公告》（苏地税规〔2012〕1号）和《海南省地方税务局关于印发土地增值税清算有关业务问答的通知》（琼地税函〔2015〕917号）规定，"对以下情形的房地产转让价格，即使明显偏低，可视为有正当理由：1.法院判定或裁定的转让价格；2.以公开拍卖方式转让房地产的价格；3.政府物价部门确定的转让价格；4.经主管税务机关认定的其他合理情形"。上述规定主要涉及土地增值税的适用。此外《中华人民共和国反垄断法》虽然并非税收法律，但其第十五条将"因经济不景气，为缓解销售量严重下降或者生产明显过剩"而导致的低价排除在了规制之外。因此当企业出现上述情形时，也可以认为有正当理由。

那么本案中该公司是否为真正意义上的低价销售呢？根据案情显示，企业所谓的低价销售其实是利用私人账户收款，对销售收入进行分流，在账簿上少列收入，符合《税收征管法》对偷税的认定。

8 企业以借款名义协助个人逃税的法律责任

某市 W 创投公司，其主要从事业务为创业投资和为其他企业提供投资咨询服务。W 公司自 2010 年开业后至 2014 年期间连续亏损，2015 年开始实现盈利，其中 2015 年应纳税所得额为 6050 万元，2016 年应纳税所得额为 4015 万元。

税务机关在对 W 公司 2014—2016 年的纳税情况进行核查时有了如下发现。

第一，W 公司 2015 年的主要盈利来源是减持了 Z 公司限售股股票。W 公司持有的 Z 公司股份源于该企业风投的 D 公司被 Z 公司整体收购，获得这笔投资收益后，当时 W 公司并未就减持行为申报缴纳营业税及附加税费。

第二，2015年1月，W公司突然对账目中记载的D公司法定代表人王某的680万元借款进行了科目调整，调整后这笔借款变成与W公司经营项目无关的营业外支出。对于该笔款项的科目调整，税务机关认为，W公司对D公司的风投项目已经成功，并有盈利，为何要与D公司法定代表人王某之间有资金支出？

关于该笔借款，根据一份2011年W公司与王某签订的《借款协议》显示，W公司向王某提供680万元借款，还款期限是2013年12月31日。双方约定，王某作为D公司的法定代表人，如果积极促成D公司在2013年年底前上市，680万元将转为对王某的奖励，王某可不予归还；如未在约定时间之前上市，王某应归还680万元，并按年支付10%的利息。由于D公司并未上市，因此W公司对该笔借款仍保留追索权。后W创投公司以王某长期不归还借款及支付利息为由，向法院提起了诉讼。

在诉讼中，王某提供了一份双方签署的《借款补充协议》，这份补充协议将双方签署的原《借款协议》中的还款期限由"2013年12月31日"延长至"2015年12月31日"，并且补充协议中多了一条对于"上市"的解释条款："上市应包括被收购上市在内的各类上市形式。"

案件审理过程中，双方当事人同时向法院提出调解申请，王某主动要求归还W公司的本金和利息。

那么W公司680万元的支出究竟如双方所说，是一笔借款，还是应被视为公司上市后其对王某的奖励，从而王某无须归还呢？

后税务机关检查人员与主审法官进行沟通，向法官解释了在企业涉税业务中，"奖励款"和"借款"属于不同的纳税情况，其中涉及企业是否依法履行纳税义务的问题。经沟通，在法院的主持下，检查人员约谈了 W 公司负责人，面对检查人员出示的证据，迫于压力，W 公司负责人承认了其曾通过签订借款协议、修改会计科目等形式，掩盖企业向王某支付奖励款事项，以逃避纳税的违法事实。

根据该企业违法事实，税务机关依法做出 W 公司应补缴个人所得税 216 万元，同时上缴罚款 108 万元的处理决定。目前，该笔税款和罚款均已被执行入库。

根据 W 公司与王某的协议，如该笔款项的支付为借款，无论是否有偿，根据《财政部 国家税务总局关于全面推开营业税改征增值税试点的通知》（财税〔2016〕36 号）所附《营业税改征增值税试点实施办法》的规定，W 公司均应按照销售服务征收增值税。

如该笔款项为对王某的奖励，那么该款项的性质决定了 W 公司是否承担扣缴义务。《中华人民共和国个人所得税法》（下文将全部简称为《个人所得税法》）规定，个人所得税以所得人为纳税人，以支付所得的单位或者个人为扣缴义务人。就王某而言，无论是取得应税所得没有扣缴义务人，还是取得应税所得扣缴义务人未扣缴税款，均应进行纳税申报。而一般情况下仅有纳税人取得经营所得这一情形，才不涉及支付人的扣缴义务问题。

就本案而言，无论该款项为何性质，作为支付人的 W 公司均应依法履行扣缴义务。

具体到该笔款项的性质认定，应当结合双方借款协议的具体条款予以认定。根据借款协议和补充协议，王某作为 D 公司法定代表人，如果积极促成 D 公司在 2015 年年底前上市，680 万元将转为对王某的奖励，可不予归还。王某既不属于 W 公司股东，也不是 W 公司职员，按照税法规定，其从 W 公司取得的奖励款在性质上属于劳务报酬，W 公司作为该笔劳务报酬的支付方，依法负有为王某代扣代缴个人所得税义务。

680 万元的劳务所得根据当时的个人所得税法律制度，应当缴纳个人所得税约 216 万元。《税收征管法》第六十三条第二款规定，扣缴义务人采取前款所列手段，不缴或者少缴已扣、已收税款，由税务机关追缴其不缴或者少缴的税款、滞纳金，并处不缴或者少缴的税款百分之五十以上五倍以下的罚款。因此税务机关应对 W 公司处以税款百分之五十的罚款，即 108 万元。

9 企业破产清算后是否还有开具发票义务

2015 年 6 月 29 日，甲公司与乙公司签订主购货协议（交易条款和条件），约定乙公司作为购货方与甲公司签订本协议，并与甲公司构成独立买卖关系。协议第 9.1.2 条约定，若甲公司未将准确的增值税发票交付乙公司，视为甲公司未完成送货。

2015 年 12 月 10 日，案外人向某市某区人民法院提出诉前财产保全申请，请求冻结甲公司与其他案外人银行账户及应收账款63万元，其中包括甲公司与乙公司合同项下的应收账款。2015年12月10日某区人民法院民事裁定，依法冻结甲公司与其他案外人价值63万元的财产。

另一案外人以甲公司明显缺乏清偿能力、不能清偿到期债务为由，申请对甲公司进行破产清算。某市第五中级人民法院于2016年6月1日做出民事裁定，受理对甲公司的破产清算申请，由某区人民法院审理。该区法院做出决定书，指定某市某律师事务所担任管理人。

由于乙公司尚有10万余元货款未支付给甲公司，而甲公司处于破产清算状态，无法开具增值税发票，因此甲公司认为案涉货款付款条件不成立。同时关于应付货款金额，乙公司认为应当扣除其损失的税金近1.6万元及北京某公司代收的服务费3000元。

在二审中乙公司提交了关于未收到增值税发票而产生损失的损失说明一份，以证实该笔货款因甲公司没有提供增值税发票，导致了进项税损失，共计近1.6万元；以及企业所得税损失2.5万余元，以上两项损失合计4万余元。

该案经审理后，法院认为乙公司和甲公司已在合同中明确约定就先开票后付款达成一致，若甲公司未将增值税发票交给乙公司，视为未完成送货。甲公司未按照合同约定开具增值税发票交予乙公司显属违约，损害了乙公司收到发票后的进项税抵扣的合法权益。但因甲公司已进入破产清算程序，在清缴欠付的税款之前无法开具增值税发票，乙公司要求甲公司开具并交付增值税发票已陷入事实上的履行不能。在甲公司履行了交货主义务的情况下，一审判决乙公司支付货款 10 余万元，二审予以维持原判。

对于甲公司未按照约定开具增值税发票，乙公司要求赔偿税款损失，属于反诉范围，其应当另案解决。

在买卖合同中，开具并交付增值税发票是出卖人的法定义务，但是否是合同上的义务则需要根据合同约定具体分析。买卖合同中，出卖人的主给付义务是交付货物，与之相对应的，买受人的主给付义务是支付相应的约定款项。通常情况下，若当事人没有约定先开发票后付款，买受人对出卖人以未开具发票为由加以抗辩，难以得到司法支持。

本案中，合同约定了先交付增值税发票再支付货款，该意思表示为当事人的真实意思，且未违反法律、行政法规的禁止性规定，对双方当事人均有约束力。若甲公司未能根据约定时限，将准确的增值税发票交付乙公司，则应承担因此带来的一切损失。

本案甲公司已进入破产清算程序，但处于破产程序中的企业，其纳税人身份和义务并未消灭。虽然甲公司无法自行开具发票，但如因继续履行合同、生产经营或处置财产需要开具发票，管理人可以以甲公司名义按规定申领开具发票或者代开发票。

《国家税务总局关于税收征管若干事项的公告》（国家税务总局公告 2019 年第 48 号）规定，人民法院裁定受理破产申请之日至企业注销之日期间，企业应当接受税务机关的税务管理，履行税法规定的相关义务。从人民法院指定管理人之日起，管理人可以按照《中华人民共和国企业破产法》第二十五条的规定，以企业名义办理纳税申报等涉税事宜。企业因继续履行合同、生产经营或处置财产需要开具发票的，管理人可以以企业名义按规定申领开具发票或者代开发票。因此，管理人应持人民法院出具的受理破产申请裁定书、指定管理人决定书以及管理人印章，指定专人按照"实名办税"的有关规定办理破产企业的涉税事宜。

2020年9月18日，最高人民法院和国家发改委公布了《关于完善企业破产配套制度保障管理人依法履职 进一步优化营商环境的意见（征求意见稿）》，对企业破产涉及的主要税收问题，包括发票供应、欠税核销、税务注销、纳税信用修复和企业所得税处理提出解决之道。该征求意见稿规定，破产程序中的企业及其管理人应当接受税务机关的税务管理，履行法律规定的相关纳税义务。破产企业因履行合同、处置财产或者继续营业等原因在破产程序中确需使用发票，管理人可以以纳税人名义到主管税务机关申领、开具发票。税务机关在督促纳税人就新产生的纳税义务足额纳税的同时，按照有关规定合理满足其发票领用需要，不得以破产企业存在欠税情形为由拒绝。

因此本案中，虽然甲公司无法自行开具发票，但根据法律法规规定，甲公司的管理人有相应权利，并且税务机关也应当予以支持，甲公司有欠缴税款，不能成为税务机关拒绝其开票需求的理由。

由于本案中，甲公司无法开具发票，属于事实上的履行不能，因此法院认为甲公司作为出卖人已实际履行交付货物的主给付义务，且开具发票的从给付义务已陷入实际履行不能，属于法律规定的事实上不能履行。因此在平衡当事人利益的基础上，不宜机械责令甲公司限期继续开具增值税发票。

基于本案以及本案发生之后发布的相关法律法规，对于企业而言，作为买受人，应当关注市场交易风险。若在出卖人进入破产程序后选择维权，如在其破产申请受理前对债务人负有债务的，可以依法选择向管理人主张抵销，或是选择提起赔偿损失诉讼，以欠缺增值税发票的进项税损失为由，要求出卖人赔偿相应的税款损失，并从应支付的货款中予以抵扣，从而最大程度上维护自身利益。

10 代发工资合理避税？灵活用工平台存在法律风险

案例一：某刑事判决书显示，任职于某人力资源有限公司的吴某伙同多人，以为企业代发员工薪资为幌子，在无真实交易的情况下，以收取开票费的方式，为多个公司虚开增值税普通发票728份，价税合计6750余万元。法院判决吴某犯虚开发票罪，判处有期徒刑三年，并处罚金15万元。

案例二：另一刑事判决书显示，2018年1月至2019年10月，余某某伙同杨某某，先后注册设立三家企业管理公司，并招聘王某为员工，以提供薪酬优化、合理避税业务，并以代发工资为名，在无真实业务的情况下，通过资金过账后扣除开票费用再返还资金的方式，向30家单位虚开增值税普通发票300余份，票面金额合计 2000 余万元。检察院建议对余某某、杨某某各判处有期徒刑三年，并处罚金 14 万元；建议判处王某有期徒刑二年二个月，并处罚金 10 万元。

在传统用工模式下，企业向员工发放工资并代缴个税，工薪支出可在所得税前扣除，但在增值税层面无法进行抵扣。若不考虑增值税抵扣问题，企业经营在需要对外支付酬劳时，取得费用支出的发票可以税前扣除，也可以直接让个人申请代开开票。各地为鼓励申请代开发布了一些优惠政策，按照一定的征收率核定征收个人（经营）所得税。

在灵活用工经济大行其道的背景下，基于企业既需要用工、发工资，又需要取得相应发票的需求，出现了一些人力资源公司或灵活用工平台，专门为企业提供相关服务。上述企业获得委托代征资质，有相应的税收扶持政策支撑，代用工单位支付相应的酬劳给劳动者，并向用工单位开具增值税专用发票或者普通发票，用工单位可将其作为税前扣除凭证抵减增值税、企业所得税。

此外，灵活用工平台的税务处理方式还可以参照劳务派遣服务的税务处理方式。劳务派遣服务，是指劳务派遣公司为了满足用工单位对于各类灵活用工的需求，将员工派遣至用工单位，接受用工单位管理并为其工作的服务。劳务派遣合同可以只约定给劳务派遣公司总的劳务派遣费费用，也可以分别约定用工单位支付劳务派遣公司的劳务派遣费用和被派遣劳动者的工资、福利和社保费用。

《国家税务总局关于企业工资薪金和职工福利费等支出税前扣

除问题的公告》（国家税务总局公告 2015 年第 34 号）规定，"企业接受外部劳务派遣用工所实际发生的费用，应分两种情况按规定在税前扣除：按照协议（合同）约定直接支付给劳务派遣公司的费用，应作为劳务费支出；直接支付给员工个人的费用，应作为工资薪金支出和职工福利费支出。"

用工单位将用工费用、服务费用打包支付给人力资源公司，人力资源公司可选择差额计税，代用工单位支付劳动者人工费，并向用工单位开具增值税普通发票作为用工单位的税前扣除凭证。灵活用工平台为全国范围内的共享经济企业解决了资金下发效率低、用工成本高、国家存在税收盲区等问题，实现了企业、自由职业者、税务部门的互联互通，且灵活用工平台有助于企业实现合规经营，个人实现依法纳税。

然而，案例中的企业仅是一些虚开空壳公司，其披着灵活用工的外衣，宣传帮助用工企业代发工资、奖金、合理避税，其实是在通过虚开普通发票套取资金。这些虚开公司不仅自己要承担刑事责任，同时也牵连了一大批下游受票企业。

若想判断案例中的企业是否构成虚开发票罪，核心是其业务是否具有真实性，即企业是否有相关人员、是否真实提供了劳务。灵活用工平台若在获得委托代征资质后，打着代发工资、报酬和合理避税的旗号为一些企业虚开发票，则属于税收违法行为，涉嫌犯罪。

11 虚开发票发放工资如何认定

案例一：2008 年至 2013 年，甲公司从四家公司取得所载金额合计为 1.4 余亿元的发票，为取得发票支付了 340 余万元款项。上述发票名目下支出情况如下：为本公司员工发放并在企业所得税前扣除的工资性支出为 1.4 余亿元，税前多列支业务招待费为 4.6 余万元，未取得合法凭证的税前列支业务招待费为 27 余万元，发放给非本公司员工的工资性支出为 48 余万元。

某市国税稽查局于 2017 年 5 月 15 日对甲公司做出《税务处理决定书》，对企业虚开发票而取得的发票所载金额，不允许于企业所得税税前列支，将甲公司少缴纳企业所得税 3740 余万元定性为偷税并予以追缴。

一审法院判决撤销了行政处理决定，并责令税务机关重新做出具体行政行为，二审维持一审判决。

案例二：2012 年甲公司与乙公司签订了《劳务派遣协议》，约定建立劳务人员派遣的合作关系，由乙公司向甲公司派遣具有保险代理资格证的职业保险销售人员。合同费用分为乙公司劳务派遣人员代理手续费、奖金、乙公司务派遣人员涉及的营业税及附加税和个人所得税三个部分。甲公司每月以预付形式将相关代理手续费付进乙公司账户，相关任务完结后，由甲公司进行相关代理手续费核算对账并发至乙公司，乙公司核对后转账支付到劳务派遣人员账户。劳务派遣人员代理手续费由乙公司根据保单信息统一发放，并由乙公司履行劳务派遣人员代扣代缴营业税、个人所得税义务。

2017 年 1 月 23 日，某市地税稽查局对甲公司做出《税务行政处罚决定书》，认定甲公司具有以下违法违章事实：甲公司于 2013 年 12 月至 2014 年 7 月收取乙公司开具的代理手续费发票 291 份、金额共 1430 余万元（含劳务派遣服务费 13 余万元），收取的乙公司开具的 291 份发票都是虚开发票，甲公司用上述发票抵扣保险代理业计税营业额并虚列成本，少缴应纳税款。

甲公司不服，向法院起诉。一审法院认定甲公司构成虚开发票，二审法院撤销一审判决和税务机关的行政处罚决定。

对于案例一，法院认为，企业职工取得必要的、适当的工资收入既合法又合理。企业职工工资的合理性与工资资金的来源方式是否合法没有必然联系，企业虚开发票套取本企业资金，其行为违法并不必然导致甲公司使用套取的资金给职工发放工资违法。因此税务机关不应以此为由不予扣除、调增企业应纳税所得额。

对于案例二，二审法院认为，虽已有生效的《刑事判决书》认定乙公司虚构劳务派遣、向他人虚开发票，但无法认定甲公司具有让他人虚开发票的违法事实。乙公司与甲公司的保险代理人员之间不存在真实的劳动合同关系，也无法判断两公司是否具有违反劳动法的行为，但不能因此否定上述资金往来的事实。法院认为甲公司构成虚开发票事实认定不清、证据不足。但二审法院也认为，甲公司作为扣缴义务人，虽然在与乙公司的合同中约定由乙公司履行劳务派遣人员代扣代缴营业税、个人所得税义务，但其法定扣缴义务系税法的强制性规定，不因民事协议而转移。乙公司未履行合同义务，甲公司如认为导致自身财产损害，应另行向其主张民事权利，但不能阻却税务机关依法对其进行行政处罚。

两个案例均是通过第三方机构开具发票，以实现为个人发放薪资的目的。不同之处在于案例一是通过虚开发票套取资金、发放工资，而案例二虚开发票的主体为具有劳务派遣关系的合同一方主体。这两个案例也在现实生活中引发了广泛的讨论。

通过对方开具发票实现工资薪金或劳务报酬的发放，是很多企业在实践中会采用的做法，这一行为非常容易越界，也为虚开发票提供了契机。

对于企业的此类行为，有以下两个关注重点。

其一，是否存在真实交易，即企业确实向对方支付了本应由企业直接支付的相关工资薪金或劳务报酬，若发票的金额超过上述金额，并不必然构成虚开，因为还涉及向对方支付服务费等。在案例二中，法院认为甲公司收取发票系在其保险代理人员发生真实保险销售业务的基础上，为支付其保险代理人员的佣金（劳务费），且向乙公司支付了该费用之后，乙公司亦将该费用支付给了甲公司保险代理人员，不构成虚开。而在案例一中，虽然法院撤销了税务机关的行政处理决定，但问题的关键并不在于实体层面，而在于程序和证据，包括举证责任等层面。

其二，支付工资薪金或劳务报酬的企业，是否依法履行了个人所得税的扣缴义务。案例二中，法院支持税务机关对企业未依法履行扣缴义务的行为进行相关行政处罚。案例一中，法院虽未对此问题予以明确，但责令税务机关重新做出具体行政行为，具体行政行为既包括对虚开进行认定，也应当包括对扣缴义务进行认定；从税收法治的角度，也是给了税务机关一个重新做出合法合理的行政处理决定的机会。

从企业的角度来看，收取发票的行为不足以证明企业存在虚开，至于企业是否虚列成本，则应当结合发票和资金的实际流向综合考虑，即使不构成虚开或偷税，但若未履行扣缴义务，仍然要承担相应的法律责任。从避免法律风险的角度来看，企业应当尽量避免类似行为的发生。

12 买卖合同约定的价格是否包含增值税

案例一：2012 年 8 月 24 日至 2013 年 4 月 25 日间，甲公司因经营所需，陆续向乙公司购买伺服电机车床系统、伺服驱动器、伺服变压器等产品。2013 年 7 月 16 日，双方经结算，甲公司尚欠货款 19 万余元，并由其在乙公司提供的对账单上签章确认。乙公司主张由甲公司支付货款 19 万余元，并按中国人民银行规定的同期同类贷款利率赔偿相应利息损失。

此外，本案争讼金额为 19 万余元，关于该金额是否含增值税存在争议，乙公司认为不含税。法院根据合同，认为对账单项下的货款在乙公司无法证明系不含税的情形下，应依法推定为含税价。法院同时判令在甲公司给付货款 19 万余元和利息的同时，乙公司应向甲公司开具税率为 17%，票面总额为 19 万余元的增值税发票。

案例二：2015—2017 年间，丙公司与丁公司签订多个年货/月饼买卖合同，合同所附的《订货单》中载明了食品名称、单位、规格、条形码、单价、订货数、金额等内容，并加盖了公章、附有法定代表人签名。合同中未约定交易价格含税或不含税，即未约定销售方丁公司是否应开具增值税发票。此外，丙公司提供的微信聊天记录中有关于开具发票的内容，但丁公司主张是因丙公司拖欠货款，丁公司为了拿到货款才同意由第三方代为开具发票。丙公司则主张 2015—2017 年间双方有多个买卖合同，丁公司应承担未依法开具增值税发票导致丙公司无法扣减相应税款而产生的相关经济损失的赔偿责任。

一审法院查明，丁公司提供的 2016 年货物单价表上有丙公司法定代表人的签名，且丙公司提供的对账单、应收账款等单据上列明的货物单价均不高于丁公司对外销售货物的非税单价，故认定 2016 年双方是按照非税价格执行。此外，丙公司提供的 2017 年的送货单上有 "不含税" 备注，故法院认定 2017 年，双方亦是按照非税价格执行。

对于双方 2015 年的交易价格是否含增值税，一审法院认为亦是按照非税价格执行。首先，自 2014 年以来，两公司之间即存在买卖关系，丙公司一直未就已付货款向丁公司主张开具增值税发票；其次，微信聊天记录不能被视为双方存在开具增值税发票的合意，其只是丙公司临时向丁公司提出的要求。双方并未就开具税票有过约定，并且丙公司按照较低的非税价格买入货物，在交易中获取了一定利益。丙公司提出的丁公司应赔偿因未开具增值税发票导致的丙公司方的经济损失这一诉讼请求，缺乏事实和法律依据，一审法院不予支持，二审法院维持原判。

案例一与案例二均涉及同一问题，即买卖合同约定的价款是含（增值）税价格还是不含税价格，法院针对这两个案件做出了截然相反的判决。

合同约定价款是否包含增值税，对于买卖双方而言意义不同，如合同价款为不含税，那么销售方在收取不含税价款时，根据税收法律制度的规定，还应当向购买方收取以不含税价款为销售额的销项税额；对于购买方而言，其给付义务除不含税价款以外，还包括依法支付的税额，而这部分税额对于一般纳税人而言在符合抵扣条件下，可以作为进项税额予以抵扣，因此买卖双方最终履行的价款应为含税价款。由此可见，在无相关证据证明的情况下，合同价款应为含税价款。

就案例一而言，双方的合同价款被法院认定为含税价款。而在案例二中双方多年来有多个买卖合同，一方面，丁公司作为销售方提供给丙公司的销售价格不高于其对外销售的货物非税单价；另一方面，相关的微信聊天记录证明了该价格为不含税价格。因此当有证据证明交易价格为不含税价格时，购买方在给付价款时，不同时支付增值税税款；销售方未开具增值税发票，也并不构成违反合同约定义务。

此外，在民事诉讼司法实践中，并不考虑其他法律（如税法）上的义务是否履行。如在民事合同的履行中，购买方认为销售方不开具增值税发票造成己方经济损失，则需承担相应的举证责任；同时销售方不开具发票涉嫌税收违法行为的，利益相关方也应通过其他方式申诉，而不应由民事诉讼调整。

13 销售方未开具发票，付款方是否有权在民事诉讼中要求其开具发票

案例一：2009 年 8 月 15 日，甲公司与乙公司签订了《建筑工程施工合同》，甲公司为承包方，乙公司为发包方。双方因工程款纠纷诉至法院，一审中，对于甲公司已收工程款 3910 余万元的事实，双方达成一致；并确认甲公司已为乙公司开具 1340 余万元的工程款发票。

二审中，乙公司提出要求改判甲公司开具发票的请求，主张甲公司还应开具 2570 余万元的工程款发票。

二审法院认为，甲公司收取了乙公司支付的工程款，应履行为乙公司开具相应发票的法定义务；乙公司对于工程款发票开具

的主张，未超出剩余已付工程款未开发票的金额，应予支持。

甲公司提出再审申请，最高人民法院予以驳回。

案例二：丙公司和丁公司签订了《建设工程施工合同》，双方在合同中并未约定增值税发票开具事项。双方就工程质量与赔偿问题诉至法院，在一审中，丙公司提出反诉请求，要求丁公司开具发票。

一审法院判令丁公司为丙公司开具工程款增值税发票。

二审法院就开具发票问题，认为开具发票属于行政法律关系而不是民事法律关系，驳回了丙公司开具发票的请求。

再审中，最高人民法院认为开具工程款发票是丁公司应承担的法定纳税义务，而非民事义务。

案例一与案例二均涉及同一问题，即买卖合同未约定销售方的开票义务时，在民事诉讼过程中，购买方主张开具发票的诉求能否得到法院的支持。

同为建筑工程合同，最高人民法院在再审中均明确了纳税人开具发票的税法上的义务，但对于案例一，最高人民法院维持了二审法院支持购买方在不超过支付金额范围内的开票主张的判决；对于案例二，最高人民法院维持了二审法院对购买方的开票主张不属于民事法律关系的认定。由此可见，开具发票属于税务行政管理事项，但在民事争议中可否援引相关行政法律规范、主张民事权利，存在着不同认定。

《中华人民共和国发票管理办法》第三条规定，本办法所称发票，是指在购销商品，提供或者接受服务以及从事其他经营活动中，开具、收取的收付款凭证。同时第十九条规定，销售商品、提供服务以及从事其他经营活动的单位和个人，对外发生经营业务收取款项，收款方应当向付款方开具发票；特殊情况下，由付款方向收款方开具发票。

因此，相关发票行政管理制度规定，发票通常作为一种收款凭证出现。此外，收款方有开具发票的义务，至于开具是否包含给付发票这一行为，则不属于行政管理探讨的范畴，税法和民法调整的是不同性质的法律关系。

如果说开具发票属于行政管理范畴，那么给付发票可否被纳入民事领域进行调整？《中华人民共和国民法典》第五百九十九条规定，出卖人应当按照约定或者交易习惯向买受人交付提取标的物单证以外的有关单证和资料。该表述同原《中华人民共和国合同法》第一百三十六条表述一致，"……出卖人应当交付标的物或者交付提取标的物单证。提取标的物的单证，主要是提单、仓单，是对标的物占有的权利的体现，可以由出卖人交付给买受人作为拟制的交付以代替实际的交付。这种拟制的交付不需要合同作出专门的约定。"发票并不被认为是提取标的物的单证，同时发票的给付应当有约定或交易习惯为据。

因此，发票的开具和给付虽然在行为上彼此关联，但体现的是行政执法权与民事合同义务的区别，混为一谈则容易造成行政执法与民事裁判范围的混乱。

14 销售方未开具发票或拖延开票，是否应承担购买方的税额损失

案例一：甲公司与乙公司 2010 年 11 月 24 日签订了产品购销合同。2012 年 7 月 30 日，双方签订《补充协议》，其中约定，乙公司应于 2012 年 8 月 28 日前向甲公司开具金额为 350 余万元、税率为 17% 的增值税专用发票，如未按时开具，则乙公司应以现金赔偿甲公司的经济损失。

甲公司共向乙公司支付货款 310 余万元。

后甲公司诉至法院，主张乙公司应根据《补充协议》向其开具 350 余万元的增值税专用发票。一审法院认为，因甲公司向乙公司支付的货款为 310 余万元，故乙公司应向甲公司开具 310 余万元的增值税专用发票。如无法开具，乙公司应赔偿甲公司约 46 万元的税款损失。

二审法院进一步明确了开具发票是双方买卖合同中的附随义务。双方在合同中约定了开具发票和未开具发票的赔偿责任，因此卖方应该按照法律法规规定和合同约定向买方开具发票，就未开票的违约行为承担购买方的损失，损失则需根据合同约定进行计算。乙公司不服，申请再审，最高人民法院驳回了乙公司的再审申请。

案例二：2018 年 5 月 24 日，丙公司与丁公司签订订购合同，金额合计 33.6 万元，发票类型为增值税专用发票，双方均认可上述合同约定的款项为包含增值税的金额，并且丙公司已依约供货。

由于丙公司未及时开具增值税专用发票，而增值税税率于 2019 年 4 月 1 日起由 16% 变更为 13%，丙公司无法开具 16% 税率的增值税专用发票，导致丁公司无法抵扣相应的增值税税款，并且丁公司因多负担了城市维护建设税、教育费附加等产生了损失。

丁公司诉至法院，主张产生了以下损失，共计 5 万元左右，包括以下部分：第一，增值税税款损失为 4.6 余万元，计算方式为 33.6 万元除以 1.16 乘以 16%。第二，城市维护建设税税款损失为 3200 余元，计算方式为 4.6 余万元乘以税率 7%。第三，教育费附加损失为 1300 余元，计算方式为 4.6 余万元乘以 3%。第四，地方教育附加损失为 900 余元，计算方式为 4.6 万余元乘以 2%。

同时丁公司提交了完税证明：记载公司于 2018 年 5 月 1 日至 2018 年 12 月 31 日期间的增值税实缴金额为 130 余万元、城市维护建设税实缴金额为 9 余万元、教育费附加实缴金额为 3 余万元、地方教育附加实缴金额为 2.6 余万元。

一审法院认为，根据订购合同的相关约定，丙公司在收到丁公司支付的货款并交付货物后，应及时开具总金额为 33.6 万元、税率为 16% 的增值税专用发票，丙公司至今未予开具，已经构成违约。根据丁公司提交的税收完税证明等证据，可以确认其已实际缴纳 2018 年 5 月 1 日至 2018 年 12 月 31 日期间的增值税为 130 余万元、教育费附加为 3 余万元、地方教育附加为 2.6 余万元，因此，丙公司应赔偿因其未依约开具增值税专用发票给丁公司造成的增值税、城市维护建设税、教育费附加、地方教育附加等税额损失，并且丁公司主张的损失计算方式并无不当。

二审法院维持原判。

案例一中，双方在合同中明确约定了开具发票的义务和违反约定的赔偿责任。因此根据合同约定计算损失，案情相对简单。

案例二中，虽然双方明确约定了销售方有开具增值税专用发票的义务，但并未规定违反约定的损失计算方法。因此买受人主张以合同价款为金额，合同履行时的增值税税率为计算增值税和相关附加税款损失的依据，即不含增值税金额为 28 余万元。与案例一不同的是，案例二在计算中还考虑了附加税费等的损失。

案例二关于损失具体如何计算的问题已给出答案，但其还引发了以下问题。

第一，当国家增值税税率发生调整时，该如何开具增值税发票。就本案而言，涉及增值税税率由 16% 调整至 13%，《财政部 税务总局 海关总署关于深化增值税改革有关政策的公告》（财政部、税务总局、海关总署公告 2019 年第 39 号）规定，自 2019 年 4 月 1 日起，增值税一般纳税人（以下称纳税人）发生增值税应税销售行为或者进口货物，原适用 16% 税率的，税率调整为 13%；原适用 10% 税率的，税率调整为 9%。

国家税务总局发布的《关于〈国家税务总局关于深化增值税改革有关事项的公告〉的解读》规定，纳税人在增值税税率调整前未开具增值税发票的增值税应税销售行为，需要补开增值税发票的，应当按照原 16%、10% 适用税率补开。需要说明的是，如果纳税人还存在 2018 年税率调整前未开具增值税发票的应税销售行为，需要补开增值税发票的，可根据《国家税务总局关于统一小规模纳税人标准等若干增值税问题的公告》（国家税务总局公告 2018 年第 18 号）相关规定，按照原 17%、11% 适用税率补开。因此丙公司并不存在无法开具税率为 16% 的增值税专用发票的情境，其拒开发票并非基于客观上的履行不能。

第二，如何计算损失。本案中由于丙公司未开具增值税专用发票，导致丁公司无法正常抵扣进项税额。根据合同约定，丁公司分别向丙公司支付货款 6 万元左右、近 27 万元，合计 33 余万元，已全面履行作为购买方在合同项下的义务。同时支付的价款除不含税价款以外，还包括丙公司作为销售方依法向购买方丁公司收取的增值税税额，丙公司未开具增值税专用发票，导致丁公司当期可以抵扣的进项税额减少了 4 万余元。同时丁公司提交的完税凭证证明了其在 2018 年 5 月 1 日至 2018 年 12 月 31 日的增值税实缴金额，若其依法取得抵扣凭证，并且由于其所购的商品"电子设备——智能手环"的进项税额不存在不予抵扣情形，因此其多缴增值税税款为 4 万余元，同时多缴了其他附加税费。对于丁公司的损失及计算方式，一审、二审法院均表示认可。

第三，企业在经营过程中应当借鉴哪些地方。如前文所述，开具发票为销售方税收法律层面的义务，并非合同上的义务。因此，购买方如对增值税发票，尤其是增值税专用发票有强烈的意愿和需求，为求交易及在法律上后果的确定性，企业有必要将该项义务纳入合同，并且明确规定损失的计算方式。此外，因为税率调整后销售方仍以低税率开具发票而造成的损失部分也存在如何计算及举证的问题，企业在订立合同时，应考量税务方面的风险。

15 增值税税率调整，销售方是否应返还税款

2014 年 11 月 3 日，甲公司（定作方）与乙公司（承揽方）签订《承揽合同》，含税总价为 550 万元；承揽方在接到定作方通知后于 10 日内开具了 17% 税率的增值税发票。2016 年 7 月 27 日，甲公司付给乙公司 550 万元。

2019 年 8 月 30 日，乙公司开具了购买方为甲公司、税率为 13% 的上海增值税专用发票 5 份，价税合计 500 余万元，上述发票的抵扣联已交付甲公司。

甲公司认为因税率变化，其有增值税税款损失 15 余万元，以及以增值税税款损失为计算依据的相应的附加税费损失，诉至法院。

一审法院认为，甲公司应举证证明其进项税额和销项税额及实缴情况以确定损失，而乙公司不按照约定或法律规定及时开具增值税专用发票，并不必然造成甲公司的损失。一审法院对甲公司主张的损失不予认定，驳回其诉讼请求。

本案涉及增值税税率调低后，购买方适用低税率产生的税款损失应如何确定的问题。如一审法院所述，《国家税务总局关于统一小规模纳税人标准等若干增值税问题的公告》（国家税务总局公告 2018 年第 18 号）规定，一般纳税人在增值税税率调整前未

开具增值税专用发票的增值税应税销售行为，需要补开增值税发票的，应当按照原适用税率补开。因此乙公司按照低税率开具增值税专用发票不仅违反了合同约定，也违反了行政法规的强制性规定。

开错增值税专用发票并非完全不能补救，当购买方未将发票用于申报抵扣时，销售方可以在发票管理系统进行《开具红字增值税专用发票信息表》的填开和上传，主要应填写对应的蓝字电子专票信息，待税务机关系统校验审核通过后，即可开具红字发票。

关于增值税税额的计算，根据增值税法律制度，一般纳税人的应纳税额计算公式为：**应纳税额 = 当期销项税额 - 当期进项税额**。当期销项税额小于当期进项税额、抵扣税额不足时，其不足部分可以结转下期继续抵扣，因此进项税额的用途为从销项税额中抵扣并作为计算纳税人应纳税额的根据之一。纳税人若没有其他证据，只依据金额和变化的税率进行计算，并不能证明其实际经济损失情况。

此外，增值税税款的损失必然也会带来相关附加税费的损失，而相关附加税作为企业所得税的税前扣除项目，将在纳税人企业所得税上带来差异，企业未必产生损失。

综上，增值税一般计税方法具有特殊性，且增值税和企业所得税之间存在着一定关系，若合同未曾对相关损失进行约定，那么购买方需要承担较重的举证责任，包括证明己方已纳增值税税额、由未及时进行抵扣产生的损失及相关计算方法的合理性、合法性等。

16 所有旅客运输费用都可以计算抵扣增值税进项税额吗

甲公司为增值税一般纳税人。

（1）2021年10月，甲公司原计划安排员工出差，因疫情取消了出差计划，支付给航空公司退票手续费，并取得增值税专用发票。

（2）2021年11月，甲公司原计划组织员工赴外地旅游，取得航空电子客票行程单。

（3）陈某为某大学教授，2021年10月应甲公司邀请前往甲公司所在地授课，产生往返交通费用，取得航空电子客票行程单。

（4）王某为甲公司在外地分公司的员工，2021年11月前往甲公司所在地出差，产生往返交通费用，取得航空电子客票行程单。

（5）2021年12月，甲公司安排员工出差，通过商旅网站安排相关行程，取得该网站开具的增值税电子普通发票，明细为"旅游服务——商务旅行服务费"（机票或火车票）。

甲公司可否将上述发票或电子客票行程单用于抵扣进项税额？

甲公司为增值税一般纳税人，其计缴增值税采用一般计税方式，即销项税额与进项税额相减为当期应纳增值税税额。对于准予抵扣的进项税额，根据现行增值税法律制度，或是凭票抵扣，或是计算抵扣，凭票抵扣中最主要的发票形式，即增值税专用发票，以专票上注明的税额作为抵扣的税额，计算抵扣主要涉及农产品收购等。

《财政部 税务总局 海关总署关于深化增值税改革有关政策的公告》（财政部、税务总局、海关总署公告 2019 年第 39 号）规定，自 2019 年 4 月 1 日起，增值税一般纳税人购进国内旅客运输服务，其进项税额允许从销项税额中抵扣。其中允许抵扣的国内旅客运输服务进项税额应为取得合法有效增值税扣税凭证注明的或依据其计算的增值税税额，如增值税扣税凭证为发票，应当为增值税专用发票或增值税电子普通发票。针对前文案例中提到的情况，有如下建议。

（1）甲公司因生产经营所需安排员工出差，产生的国内旅客运输服务的进项税额准予抵扣。但因为疫情原因出差计划取消，支付的退票手续费仍在可抵扣的进项税范围内，增值税专用发票上注明的税额，可以从销项税额中抵扣。

（2）甲公司组织员工去外地旅游，属于用于集体福利或者个人消费的，根据增值税法律规定，其进项税额不得从销项税额中抵扣。

（3）增值税法律规定，允许抵扣的国内旅客运输服务其抵扣凭证包括注明旅客身份信息的客票等，其中旅客应当是与本单位建立了合法用工关系的雇员，其发生的国内旅客运输费用准予抵扣。陈某并非甲公司的雇员，因此不得抵扣。

（4）从法律主体上看，总分公司为同一法人，在企业所得税上也应汇总纳税。然而在增值税上，《中华人民共和国增值税暂行条例》规定，总机构和分支机构不在同一县（市）的，应当分别向各自所在地主管税务机关申报纳税；经国家税务总局或其授权的税务机关批准，可以由总机构汇总向总机构所在地主管税务机关申报纳税。由此，分公司在增值税上属于独立纳税主体，如果分公司就地缴纳增值税，则分公司只能就其本身的销售额和可抵扣进项税额计算其应该缴纳的增值税，如果分公司的当期进项税额大于销项税额，该差额部分也不能用于抵减总公司当期应纳增值税税额。换言之，如果分公司就地缴纳增值税，那么甲公司不得对其分公司员工的航空电子客票行程单进行进项税额的计算抵扣。

目前在抵扣进项税额或进行企业所得税税前扣除时，税务机关仅要求企业提供航空电子客票行程单，但发生退票退款时，航空公司通常不会收回电子客票行程单，这就可能导致税务管理层面的疏漏，或者导致购买的客票在未来一个未确定的时间点被使用的情况，而旅客运输服务在客票开具时尚未提供。因此，以航空电子客票行程单，附上登机牌（包括电子登机牌）来作为证明实际乘坐的记录，从税务合规的角度来看更为妥当。

17 代销协议中的税法问题

2017 年 3 月，甲公司与房地产开发投资企业乙公司签订《房地产包销合同》，约定乙公司委托甲公司代理销售某房产，代理费按销售额减去底价后的销售溢价结算。后合同提前终止，双方签署了《结案协议》，确认了乙公司应付甲公司的代理费金额。

甲公司就所涉代理费向乙公司按现代服务业类别开具了增值税专用发票，因后者未支付代理费，引发了诉讼。

由于双方未约定销售溢价款的税费负担主体，因此相关税费是否应从代理费中扣除遂成争议焦点。乙公司主张应扣除其就销售溢价款部分承担的增值税、城建税、教育费附加、企业所得税、印花税和土地增值税。

一审法院适用民法公平原则，认为其中的增值税、城建税、教育费附加和企业所得税应由甲公司承担，而印花税、土地增值税、工会经费具有专属性，应由乙公司自己承担。二审法院改判企业所得税由乙公司自己承担。

再审法院撤销原判决，改由乙公司负担所涉税费，理由为：本案中，乙公司作为商品房销售公司，依法按照销售不动产按11%税率缴纳增值税，甲公司应就代理费收入按照服务业6%的税率缴纳增值税，两项行为的纳税主体、应税行为、税率均不同，不能混为一谈；法院适用民法公平原则应慎重，税法主体未就税款的最终负担作出约定，税款负担问题并未进入民法领域，各主体应按照税法规定承担各自的税款，民法无权予以评价。

本案中的核心问题为甲公司接受乙公司委托，代理销售房产行为的法律性质。

第一，关于双方包销合同的法律效力以及未约定税费应如何处理的问题。根据现有证据，甲公司接受乙公司委托代理销售房产，是双方的真实意思表示，且不违反法律、行政法规的强制性规定，合法有效，应受法律保护。由于合同及结案协议未对溢价款的增值税、城建税、教育费附加、地方教育附加、地方教育附加、印花税、工会经费及土地增值税等缴纳事项进行约定，导致双方产生了争议。根据税收法定原则，纳税人由税法规定，合同当事人可以约定税费的承担，但约定并不会改变相关主体在税收法律关系中的地位，因此即使双方当事人有约定，相关税费的缴纳也依然以税收法律法规规定为准。

第二，甲公司代销房产行为的法律性质。本案中，甲公司接受乙公司委托代销房产，从双方协议来看，甲公司提供的是代理服务，其代理销售的房产并非自身开发的房产，而是乙公司开发的房产。从不动产买卖的交易双方来看，乙公司为销售方，购房者为购买方，甲公司在房产销售中，并不是买卖合同的当事人。

第三，甲公司收取的溢价款的法律性质。包销合同对甲公司收取的溢价款做了如下规定，涉案房地产的销售额包括销售底价部分及超出底价的溢价部分，销售底价部分归乙公司所得，而在实际销售中，超出销售底价的部分即溢价款则归甲公司所得。因此可以认为甲公司取得的溢价款在形式上构成乙公司销售不动产的价款的一部分，购房者支付的价款中有一部分为甲公司取得。那么能否认为该溢价款为涉案房产的销售收入呢？本案中，由于甲公司为乙公司提供了代销服务，因此无论是根据协议还是事实，该溢价款均应认定为甲公司从乙公司处取得的回报，即代理费，并不属于不动产销售收入。

第四，关于增值税视同销售是否适用本案。虽然增值税法律制度上有关于视同销售的规定，如将货物交付其他单位或者个人代销、销售代销货物……但就税法规则而言，代销作为视同销售，应仅限于视同销售货物。换言之，甲公司代理销售房产并不属于视同销售不动产，因此甲公司不属于销售不动产的主体，对销售不动产的增值税不负有缴纳义务。

第五，甲公司开具了税率为 6% 的代理服务的增值税专用发票，其已就销售代理服务缴纳了增值税，虽然该代理费包含在乙公司销售不动产的价款中，但这是由双方的经济交易安排所形成的。乙公司销售不动产的价款中包含了底价和溢价款，虽然其并未取得溢价款，乙公司似乎为其不取得的价款缴纳了增值税，但其从甲公司取得了增值税专用发票，溢价款部分的税额可以进行抵扣，不产生双重征税。

第六，乙公司因为销售不动产适用 11% 的税率，而抵扣的代理费适用 6% 的税率，产生了不公平。判断税率规定产生差异是否真的会导致不公平，涉及税收公平原则和民法公平原则应如何适用。一方面，税收公平原则是为了保障不同类别的纳税人在经济生活中享有实质上的公平，其应以税收法定原则为前提基础。另一方面，民法公平原则旨在维持民事主体之间的利益均衡。如果双方通过合同约定分配了税款的最终负担，此时当事人的意思自治行为就受到了民事法律的约束，那么可以适用民法公平原则判断是否公平；但当双方未就税款的最终负担进行约定，即税款负担问题并未进入民事法律领域，则民法公平原则就不应对此进行评价。

因此，对于企业而言，应对民事合同在税收方面的定性有一定认识，在可能商谈的空间里，尽量争取己方利益最大化。这种利益不仅包括从民事交易中获得的合同利益，还包括在税法不干预民事安排的空间内，争取到的税负最小化。

18   高新技术企业资格的认定与维持

2021 年 6 月 21 日，某市高新技术企业认定管理机构办公室发布关于取消某橡胶有限公司等 21 家企业高新技术企业资格的公告。公告指出，14 家企业不符合高新技术企业认定条件，7 家企业累计两年未报送年度发展情况报表，机构决定取消前述 21 家企业高新技术企业资格。税务机关按《税收征管法》及有关规定，追缴其自认定年度起已享受的高新技术企业税收优惠，科技部门会同财政部门对已拨付的财政奖励资金予以追缴。

在此之前，2021 年 6 月 7 日某省高新技术企业认定管理工作协调小组发布公告，集中取消 220 家高新技术企业资格，依规将对这些企业追缴此前已享受的税收优惠，但公告未披露这些高新技术企业被取消资格的原因。

2021 年 7 月 4 日，该省科技厅官方微信发布消息解释道，上述 220 家被取消的高新技术企业中，因市场变化、主体变更、经营调整等原因关停的企业有 153 家，占总数的 69.5%；自愿放弃、原迁移地资格取消、被其他企业兼并、不再从事高新技术企业相关的经营活动的企业有 62 家，占总数的 28.2%；经自查，不再符合高企认定规定的企业有 5 家，占总数的 2.3%。

高新技术企业之所以成为税务管理中的重要事项，是因为其享有大量税收优惠。在这一点上，《中华人民共和国企业所得税法》（下文统简称为《企业所得税法》）第二十八条的规定最直观、明显，"国家需要重点扶持的高新技术企业，减按 15% 的税率征收企业所得税"。除此之外，高新技术企业具备资格年度之前 5 个年度发生的尚未弥补完的亏损，准予结转以后年度弥补，自 2018 年 1 月 1 日起，最长结转年限由 5 年延长至 10 年。

因此高新技术资格的认定门槛相对较高，必备的条件包括：企业必须拥有真正的自主知识产权，企业主要产品（服务）、发挥核心支持作用的技术属于国家重点支持的高新技术八大领域；企业从事研发和相关技术创新活动的科技人员要达到规定比例；研发费用必须达到规定比例；高新技术产品（服务）收入的占比企业同期总收入达到规定比例等。

高新技术企业的认定程序也较为复杂。《科技部 财政部 国家税务总局关于修订印发〈高新技术企业认定管理办法〉的通知》（国科发火〔2016〕32 号）规定，企业认定高新技术企业需要经过自我评价、注册登记、提交材料、专家评审、认定报备、公示公告等一系列复杂程序。尤其是在提交材料环节，企业需要知识产权和科研成果相关材料、高新技术产品（服务）的关键技术和相应技术指标的具体说明、企业职工和科技人员情况说明材料、中介机构出具的企业近三个会计年度研究开发费用、近一个会计年度高新技术产品（服务）收入专项审计或鉴证报告、中介机构鉴证的企业近三个会计年度的财务会计报告等若干资料。

企业在取得高新技术资格后，在资格有效期内还须继续保持上述必备条件。高新技术企业资格期满当年，在通过重新认定前，企业所得税暂按 15% 的税率预缴，在年底前仍未取得高新技术企业资格的，应按规定补缴相应期间的税款。换言之，如果企业因种种情形未能通过重新认定，也就无法继续保留高新企业资格并失去享有税收优惠的资格，将被税务机关追缴税款。

哪些情形会导致已认定的高新技术企业被取消资格呢？有以下几种情况。

（1）发生更名或与认定条件有关的重大变化，需经重新审核认定，不符合条件的将被取消资格。如苏州某公司于 2016 年发生名称变更，并按要求提交了高新技术企业更名申请，因申请材料不符合相关规定，从 2016 年度起被取消资格。北京某公司因公司主要业务发生变化，不符合认定条件，主动申请取消资格。四川某公司因研发费用大于管理费用，财务说明材料未能阐明原因，也不符合认定要求，被取消了资格。

（2）在申请认定过程中存在严重弄虚作假行为的。如云南某公司申请认定材料存在知识产权造假情况，被取消资格。

（3）发生重大安全、重大质量事故或有严重环境违法行为的。如长春某公司因疫苗质量问题，从 2017 年度起被取消资格；某安全用品有限公司因发生严重环境违法行为，从 2018 年度起被取消资格；某矿业有限责任公司发生重大安全事故，从 2019 年起被取消资格。

（4）未按期报告与认定条件有关的重大变化情况及累计两年未填报年度发展情况报表的。如某自动化设备有限公司因资格有效期内两年未报年报，被取消资格。

（5）其他违法行为。如四川某公司犯虚开增值税专用发票罪，高新技术企业资格被撤销，自资格撤销之日起 5 年内，其认定申请将不再被受理。

19 高新技术企业资格被取消，如何追缴税款

案例一：2011 年 10 月 11 日，甲公司取得高新技术企业证书，有效期三年。2014 年 10 月 30 日，甲公司再次取得高新技术企业证书，有效期三年。2017 年 2 月 4 日，北京市科学技术委员会、北京市财政局、北京市国家税务局及北京市地方税务局做出《关于取消甲公司等高新技术企业资格的公告》，取消了甲公司 2013—2015 年度的高新技术企业资格。

2017 年 2 月 28 日，某区国税局第十税务所下发税务事项通知书，要求甲公司于七个工作日内自行补缴已减免的企业所得税款，通知书于同年 3 月 1 日送达甲公司。

甲公司被要求补缴 2013—2015 年度因享受国家需要重点扶持的高新技术企业税收优惠税款及滞纳金共计 400 余万元，其中企业税收优惠税款为 300 余万元，滞纳金为近 100 万元。甲公司之后提出行政复议申请，复议机关维持税务事项通知书。

甲公司提起行政诉讼，请求撤销税务事项通知书和复议决定。本案经过了一审、二审，对甲公司的诉讼请求均不予支持。

案例二：某建设公司于 2018 年 12 月 18 日发布公告，披露未通过 2018 年度高新技术企业资格复审，应按 25% 的税率缴纳企业所得税，公司 2018 年 1 月至 9 月已按 15% 的所得税税率预缴企业所得税，因此需补缴 2018 年 1 月至 9 月的所得税税额约 2220 余万元。

两个案例均涉及高新技术企业资格被取消／未通过复审后，如何追缴／补缴税款的问题。《中华人民共和国税收征收管理法实施细则》（2012 年修订）第四十三条第二款规定，享受减税、免税优惠的纳税人，减税、免税条件发生变化的，应当自发生变化之日起 15 日内向税务机关报告；不再符合减税、免税条件的，应当依法履行纳税义务；未依法纳税的，税务机关应当予以追缴。该条款在 2016 年修订为"享受减税、免税优惠的纳税人，减税、免税期满，应当自期满次日起恢复纳税；减税、免税条件发生变化的，应当在纳税申报时向税务机关报告；不再符合减税、免税条件的，应当依法履行纳税义务；未依法纳税的，税务机关应当予以追缴。"因此纳税人应当补缴被取消资格的相应年度的税款。

案例一中，甲公司被取消 2013—2015 年度的高新技术企业资格，其减税条件发生变化，不再符合高新技术企业减税条件，应当向税务机关报告，并依法履行纳税义务；未依法纳税的，税务机关应当予以追缴。案例二中，某建设公司已经补缴税款，未提出法律上的争议。二者的差别关键在于案例一是追溯过往而非复审续期，虽然并未说明原因，但一审法院查明，甲公司在 2013 年度存在虚开发票的行为。换言之，被取消资格属于因偷税而被处罚的情况，存在追征期的适用以及滞纳金的征收问题。

关于追征期的适用。《税收征管法》第五十二条规定，"因税务机关的责任，致使纳税人、扣缴义务人未缴或者少缴税款的，税务机关在三年内可以要求纳税人、扣缴义务人补缴税款，但是不得加收滞纳金。因纳税人、扣缴义务人计算错误等失误，未缴或者少缴税款的，税务机关在三年内可以追征税款、滞纳金；有特殊情况的，追征期可以延长到五年。对偷税、抗税、骗税的，税务机关追征其未缴或者少缴的税款、滞纳金或者所骗取的税款，不受前款规定期限的限制。"

案例一中，甲公司被取消了高新资格，导致相关年度的减税条件不应适用，从而产生已优惠税款的追缴问题，并非基于税务机关的责任，属于纳税人的责任，可比照适用三年或五年的追征期。由于涉及少缴税款超过 10 万元，税务机关于 2017 年做出决定，向甲公司追缴 2013—2015 年度税款共计 306 余万元，并未超过追征期。

关于滞纳金的征收。如前所述，如因纳税人过错，税务机关在追征税款之外可加收滞纳金。但从法律规定和审判实践来看，只有满足以下条件之一，纳税人才需要缴纳滞纳金：

（1）纳税人未按规定期限缴纳税款；

（2）自身存在计算错误等失误；

（3）存在故意偷税、抗税、骗税行为。

甲公司在被取消资格前，依法享受企业所得税税收优惠，缴纳企业所得税的方式也符合相关规定。后接到通知其也按期进行了补缴，并不存在以上情况，因此税务机关不应对其加收滞纳金。

20 高新技术企业为何放弃高新资格

甲公司是高新技术企业，其高新证书的有效期为 2020 年 10 月至 2023 年 9 月。该公司从事国家非限制和禁止行业，假设其在 2022 年第一季度的资产总额季度平均值为 1500 万元，从业人数季度平均值为 120 人，应纳税所得额为 50 万元，那么甲公司在 2022 年第一季度预缴企业所得税时应如何申报？假设甲公司 2022 年全年资产总额和从业人数平均值保持不变，年度应纳税所得额为 280 万元。那么甲公司于 2022 年汇算清缴时应如何进行申报？

根据《财政部 税务总局关于实施小微企业普惠性税收减免政策的通知》（财税〔2019〕13 号），小型微利企业是指从事国家非限制和禁止行业，且同时符合年度应纳税所得额不超过 300 万元、从业人数不超过 300 人、资产总额不超过 5000 万元三个条件的企业。甲公司 2022 年第一季度符合小型微利企业认定条件。

2021 年，财政部、税务总局发布《财政部 税务总局关于实施小微企业和个体工商户所得税优惠政策的公告》（财政部、税务总局公告 2021 年第 12 号），对小型微利企业年应纳税所得额不超过 100 万元的部分，在《财政部 税务总局关于实施小微企业普惠性税收减免政策的通知》（财税〔2019〕13 号）第二条规定的优惠政策基础上，再减半征收企业所得税。即对小型微利企业年应纳税所得额不超过 100 万元的部分，减按 12.5% 计入应纳税所得额，按 20% 的税率缴纳企业所得税。《财政部 税务总局关于进一步实施小微企业所得税优惠政策的公告》（财政部 税务总局公告 2022 年第 13 号）则进一步规定，对年应纳税所得额超过 100 万元但不超过 300 万元的部分，减按 25% 计入应纳税所得额，按 20% 的税率缴纳企业所得税。

此案例中，甲公司如按照高新技术企业 15% 的优惠税率申报预缴，应预缴企业所得税（50×15%）=7.5 万元。2022 年度应缴纳企业所得税税额为（280×15%）=42 万元。

甲公司若选择适用小型微利企业的税收优惠政策，则 2022 年第一季度预缴企业所得税税额为 50×12.5%×20%=1.25 万元，2022 年汇算清缴计算年度应纳企业所得税税额为 100×12.5%×20%+180×25%×20%=11.5 万元。

因此甲公司的经营情况在 2022 年度同时满足小型微利企业和高新技术企业的优惠条件时，不论是预缴还是汇算清缴，选择享受小型微利企业的税收优惠政策在企业所得税方面都对企业更为有利。

由此可见，在现行税收优惠政策下，企业若既符合高新技术企业所得税优惠条件，又符合小型微利企业所得税优惠条件，由于不得叠加享受优惠税率，企业选择适用小型微利企业优惠税率在税收上享受的优惠更多。同时需要注意的是，由于企业拥有了政策选择权，其需要对自身经营业务有一定的了解。

对此案例，如果甲公司 2022 年第二季度全年资产总额和从业人数平均值保持不变，累计应纳税所得额为 580 万元。那么其在第二季度预缴时，应如何申报？

由于甲公司第一季度选择适用小微企业税收优惠税率，预缴的企业所得税税额为 1.25 万元。而第二季度甲公司只满足高新技术企业的优惠条件，因此只能选择适用高新技术企业优惠税率，第二季度预缴的企业所得税税额为 580×15%=87 万元。由于第一季度已预缴入库 1.25 万元，第二季度应补缴入库 87–1.25=85.75 万元。

21 电商企业刷单存在税收风险

自 2021 年 4 月 30 日以来，"亚马逊账号被封、商品被下架"的阴云笼罩着国内跨境电商。继多个知名品牌的亚马逊账号被封后，又有近 5000 家平台商户遭到亚马逊封禁，其中多数为中国跨境电商，被封账号达到 5 万量级，已造成行业损失金额超千亿元。

据传，该次事件由刷单公司的 1300 余万条付费刷单交易数据和虚假评论数据泄露所引发。刷单公司"不当使用评论功能、向消费者索取虚假评论、通过礼品卡操纵评论方向"，其中好评返现是触发本轮封号最主要的违规行为。

9 月 17 日，亚马逊方面首次作出回应。亚马逊全球副总裁表示，此次"封号"事件并不是针对中国卖家，也涉及其他国家的卖家，这一事件并未影响中国卖家整体在亚马逊平台的业务增长。

"刷单"是一种虚假广告宣传和不正当的竞争行为，侵犯了消费者的知情权，违反了《中华人民共和国广告法》《中华人民共和国反不正当竞争法》《中华人民共和国电子商务法》等法律。在税法中，该行为同样可能涉及偷逃税，面临行政处罚，甚至构成犯罪。

企业"刷单"的初衷在于通过请人假扮顾客、虚增销量，提高网店的排名，并用虚假的好评吸引顾客。通常情况下，企业为防止"刷单"的异常交易行为被网络销售平台发现，会刻意模拟正常订单流程的操作形式，使现金流、物流和好评一一对应、相互匹配。

经过如此操作，"刷单"的销售金额不会被反映在网店的会计账簿上，但是网店自身无法修改网购平台的销售记录。《中华人民共和国电子商务法》第二十八条第二款规定，电子商务平台经营者应当依照税收征收管理法律、行政法规的规定，向税务部门报送平台内经营者的身份信息和与纳税有关的信息。

因此，税务机关一旦发现电商平台销售数量和金额与会计账簿记录不一致，必然会怀疑企业存在隐瞒收入的行为。而企业的"刷单"行为由于足以以假乱真，最终很难举证自身只是"刷单"，存在被税务机关认定为偷税的风险。自 2020 年 5 月以来，很多从事网上商品销售的电商平台注册用户，收到了来自税务机关的税收风险告知和限期自查的通知。

一家销售一般货物的电商企业，若不考虑其他问题，2018—2020 年少计收入 100 万元，则少缴纳的增值税税额为 $100 \div (1+13\%) \times 13\% = 11.5$ 万元，少缴纳的附加税费为 $11.5 \times 12\% = 1.38$ 万元（包含城建税、教育费附加和地方教育附加），少缴纳的企业所得税为 $(100-11.5-1.38) \times 25\% = 21.78$ 万元，合计 34.66 万元。此外，如果被税务机关认定为偷税，还要按日加收万分之五的滞纳金并接受相应的行政处罚。

企业如要证明自己并非偷税，需要提供充分的证据证明该申报差异为"网络刷单"行为所导致，但如果这样做，一方面企业能否免于补税、免受处罚尚存在不确定性，另一方面企业也自证了自身存在虚构交易、违反了电子商务法，也免不了遭受处罚，从而陷入两难境地。

2021 年 4 月 29 日，国家税务总局稽查局在总局官方网站发布"税务总局贯彻《关于进一步深化税收征管改革的意见》精神，要求：以税收风险为导向、精准实施税务监管"一文。着重强调了要充分发挥税务稽查在组织税收收入方面的功能，加强大数据风险分析，组织行业自查，深化"税警关银"部际协作机制，强化税警协作，持续推进打虚打骗和打击三假运动。

电商企业应杜绝"网络刷单"行为，避免产生相关法律风险。

22 税务机关程序违法，纳税人赢得诉讼

甲公司是一家新能源生产企业，经营范围包括生物柴油、副产燃料油（甘油）、硫酸钠（无水）的制造，非食用废弃油脂的回收，生物柴油、副产燃料油（甘油）、硫酸钠（无水）、橡胶、塑胶、塑料制品、化工原料（除危险品）的销售。2014 年 9 月 3 日，某市国税稽查局对该公司进行税务检查并制作了现场笔录。2014 年 9 月 28 日和 10 月 8 日，某市国税稽查局分别对该公司会计李某和采购部经理许某进行了询问并制作了询问笔录。经调查，某市国税稽查局向甲公司发送了税务事项通知书，甲公司提出了书面陈述申辩意见。

后某市国税局重大税务案件审理委员会对某市国税稽查局提交的甲公司一案，做出《重大税务案件审理委员会审理意见书》，要求其依据审理委员会意见制作相应的法律文书并送达执行。

某市国税稽查局则依照上述意见书的意见对申请人做出《税务处理决定书》，认定甲公司在 2011 年 1 月至 2013 年 12 月生产销售生物重油 1.4 余万吨，未作消费税应税产品申报纳税，要求甲公司按燃料油消费税税率补缴消费税近 1200 万元。

甲公司不服，认为其利用地沟油生产的各类油品不属于应税消费品，向某市国税局提起行政复议。后甲公司对复议决定不服，提起行政诉讼。

该市某区人民法院经审理认为，成品油系消费税的应税商品，在销售时应当缴纳消费税。甲公司以生物重油的名义对外销售涉案油品，某市国税稽查局按燃料油税率计算应缴消费税款并无不当，遂驳回了甲公司的诉讼请求。甲公司不服一审判决，提起上诉。该市中级人民法院驳回上诉，维持原判。

后甲公司提请再审，该省高级人民法院做出判决，撤销该市中级人民法院二审行政判决和某区人民法院一审行政判决；撤销原某市国税局做出的《行政复议决定书》。责令国家税务总局某市税务局在本判决生效日起十五日内，将甲公司对税务处理决定提出的行政复议申请移送国家税务总局某省税务局处理。

2021年4月27日，国家税务总局某省税务局做出《行政复议决定书》，撤销原某市国税稽查局的税务处理决定。根据甲公司2021年半年度报告，公司收到了退还的税款，其中消费税为1180余万元。

本案历经一审、二审和再审，最终处理结果与一审、二审判决大相径庭。纳税人不但赢得诉讼，而且获得了实质性胜利。对于纳税人取得胜诉，与其说其是在实体法层面的胜利，不如说是在程序法层面的胜利。

首先，在实体法层面。本案的焦点是甲公司销售的生物重油是不是应税消费品。在我国，消费税是在对货物普遍征收增值税的基础上，对少数消费品进行再征收的一个税种。因此应税消费品具有特殊性，应税消费品的选择也体现了消费税具有调节产品结构、引导消费行为、促进节能环保等功能。目前，我国消费税法律体系以《中华人民共和国消费税暂行条例》及其实施细则为主要制度规范。实施细则中规定了，《消费税税目税率表》中所列应税消费品的具体征税范围，由财政部、国家税务总局确定，由此，财政部、国家税务总局有权确定成品油的具体征税范围。

《财政部 国家税务总局关于提高成品油消费税税率的通知》（财税〔2008〕167号）将成品油中的燃料油界定为："燃料油也称重油、渣油，是用原油或其他原料加工生产，主要用作电厂发电、锅炉用燃料、加热炉燃料、冶金和其他工业炉燃料。"本案中甲公司利用地沟油生产的生物重油，虽然是以地沟油为原料，但财税〔2008〕167号文并未将燃料油的生产原料限定为原油，但若想据此认定生物重油属于应税消费品，在严格的税收法定原则下是不被允许的。

其次，关于以动植物油为原料生产的成品油在消费税中扮演的角色。2005年1月和2006年12月，国家税务总局以《关于生物柴油征收消费税问题的批复》为题，分别致函四川省国家税务局（国税函〔2005〕39号）及青岛市国家税务局（国税函〔2006〕1183号），明确了"以动植物油为原料，经提纯、精炼、合成等工艺生产的生物柴油，不属于消费税征税范围"。

作为对界定应税消费品的补充以及对以动植物油为原料生产的成品油地位的明确，2010年12月，财政部、国家税务总局发布了《财政部 国家税务总局关于对利用废弃的动植物油生产纯生物柴油免征消费税的通知》（财税〔2010〕118号），明确了"对利用废弃的动物油和植物油为原料生产的纯生物柴油免征消费税"。其中，"纯生物柴油"应当同时符合以下两个条件：

（1）生产原料中废弃的动物油和植物油用量所占比重不低于70%；

（2）生产的纯生物柴油符合国家《柴油机燃料调合生物柴油（BD100）》标准。

对不符合上述两个条件的生物柴油，或者以柴油、柴油组分调和生产的生物柴油，依法征收消费税。

由此可见，在柴油领域，对于生物柴油是否征收消费税的逻辑为"原则征税，部分免税"。即生物柴油原则上属于应税消费品，只有以符合规定的"废弃的动物油和植物油"生产的符合两个条件的"纯生物柴油"，可以免予缴纳消费税。该逻辑在燃料油领域内适用，纳税人需对其属于生物重油可享受免税进行举证。

再次，在司法层面，本案再审法院撤销了原某市国税局做出的《行政复议决定书》，这样做的核心在于某市国税局并非适格的复议机关，并非再审法院就实体层面进行的判断。后某省税务局撤销原某市国税稽查局做出的税务处理决定，并予以退税，除了有实体层面的目的，也有建设税收营商环境的目的。

最后，从生产企业来看，由于成品油的生产工艺多样、复杂，企业应当根据自身经营范围，核定应纳税种，及时申报消费税。若企业符合免税条件应及时申请适用相关优惠政策，并留存相关证明资料。

23 社会组织收取的会费等是否应该缴税

2021 年 9 月 1 日，一份落款日期为 2021 年 8 月 31 日，并盖有公章的"检举税收违法行为简要告知书"在网上热传。从告知书中可以看到，该告知书系某市税务局第一稽查局作出。其中提到，举报人张某某向税务机关举报某市律师协会存在税收违法行为，目前已立案查结。根据有关规定，应张某某要求将与检举线索有关的检查结果简要告知如下：根据《税收征管法》第三十二条、第六十三条的规定，查补该协会税款及附加近 76 万元，罚款 2 余万元。对少缴的税款从滞纳税款之日起至实际缴纳税款之日止，按日加收万分之五的滞纳金。

为核实网传信息的真伪，有记者致电该稽查局，该局工作人员称，相关案件已经依法依规查处完毕，有关信息已公示在某市税务局官网行政执法信息公示平台上。经查询发现，2021 年 8 月 25 日，该市律协确有一项税务行政处罚，处罚事由为"在账簿上不列或少列收入"，罚款金额也与网传信息一致。

《中华人民共和国律师法》（以下简称《律师法》）规定，律师必须加入所在地的地方律师协会。加入地方律师协会的律师，同时是中华全国律师协会的会员。律师加入律协享受一定的权利，同时履行一定的义务，义务之一便是缴纳会费。那么律协向律师收取会费或提供其他服务，如培训等，是否应当缴税？提供服务该如何开具发票？这些也成为实践中常见的问题。

律协收取会费要不要缴税

《律师法》规定，中华全国律师协会会员必须履行缴纳会费的义务。各省、自治区、直辖市律师协会基于其收取的会费按规定标准向中华全国律师协会上缴会费。而各省、自治区、直辖市律师协会则单独制定会费收缴规定，如广东省律师协会于2000年通过的《广东省律师协会会费收缴规定》。

关于企业所得税问题。《企业所得税法》规定，符合条件的非营利组织的收入为免税收入。律师协会是社会团体法人，是律师的自律性组织，其是否为符合条件的非营利组织，需要经主管税务机关根据《财政部 国家税务总局关于非营利组织免税资格认定管理有关问题的通知》（财税〔2018〕13号）判定。例如，《关于公布获得2019年度省级非营利组织免税资格的组织名单的通知》（吉财税〔2020〕10号）规定，吉林省律师协会获得2019年度省级非营利组织免税资格，因此该律协按照省级以上民政、财政部门规定收取的会费为企业所得税免税收入。若收取的会费不符合标准，也不得免税。

关于增值税问题。《财政部 国家税务总局关于进一步明确全面推开营改增试点有关再保险、不动产租赁和非学历教育等政策的通知》（财税〔2016〕68号）规定，各党派、共青团、工会、妇联、中科协、青联、台联、侨联收取党费、团费、会费，以及政府间国际组织收取会费，属于非经营活动，不征收增值税。虽然该通知没有明确律协是否属于该主体范畴，但结合《财政部 国家税务总局关于对社会团体收取的会费收入不征收营业税的通知》（财税字〔1997〕63号）中"社会团体按财政部门或民政部门规定标准收取的会费，是非应税收入，不属于营业税的征收范围，不征收营业税"这一规定，本着营业税改征增值税的制度延续精神，也应当认为律协按照标准收取的会费不应征收增值税。

律协举办培训班收取培训费要不要缴税

实践中，律协通常会举办各种业务培训班，收取培训费用。此类培训费用不属于前述的会费，应依法缴纳增值税和企业所得税，因此实践中律协经常委托高校承接相关业务培训工作。

《财政部 国家税务总局关于全面推开营业税改征增值税试点的通知》（财税〔2016〕36号）的附件3《营业税改征增值税试点过渡政策的规定》第一条第二十九项规定，政府举办的从事学历教育的高等、中等和初等学校（不含下属单位），举办进修班、培训班取得的全部归该学校所有的收入免征增值税。免税的收入必须符合以下条件：全部收入进入该学校统一账户，并纳入预算全额上缴财政专户管理，同时由该学校对有关票据进行统一管理和开具。若该收入进入该学校下属部门自行开设账户，则不予免征增值税；若相关收入全额上缴财政专户管理，也不存在企业所得税方面的问题。但如果律协通过改变收入性质非法获取免税资格，则不得享受免税优惠。

24 举报税收违法行为的奖励金是否缴税

案例一：曾实名举报某市律协涉嫌逃税的张某某，近日收到了税务机关的奖励通知。2021 年 10 月 21 日，国家税务总局某市税务局第一稽查局在《关于张某某领取检举税收违法行为奖励的通知》中称，其于 2019 年 9 月检举某市律协存在税收违法行为，该局依法进行了查处，查补某市律协税款及附加 75 余万元，罚款 2.3 余万元。根据《税收征管法》及《检举纳税人税收违法行为奖励暂行办法》的有关规定，决定向张某某颁发检举奖金 3800 元。

案例二：2021 年年初张某在社交平台实名举报女明星郑某偷税漏税。后经税务机关查实，对郑某追缴税款、加收滞纳金并处罚款共计 2.99 亿元。其中，郑某偷逃个人所得税 4000 余万元，税务机关对改变收入性质偷税的 760 余万元，处以 4 倍罚款，计 3000 余万元；对完全隐瞒收入的偷税 3700 余万元，处以 5 倍罚款，计近 1.9 亿元。

同时因举报人张某作为郑某担任主演的某电视剧项目的经纪人，涉嫌帮助郑某偷逃税款，某市税务局第一稽查局已依法对张某进行立案检查，并将依法另行处理。

后，税务机关公布对张某的处罚事项，张某在 2018 年 12 月负责郑某的演艺合同签订、演出报酬和报酬支付方式确定等事宜，其与制片方等共同商讨郑某片酬的拆分及收款方式，并策划了具体操作细节，确定了 1.6 亿元的片酬数额及支付方案：拆分成 4800 万元和 1.12 亿元两个部分，对 1.12 亿元（实际取得 1.08 亿元）部分，双方商定由制片方对郑某实际控制公司以"增资"的形式支付。张某与郑某协商设立一家收款公司，提供"增资"合同等事宜。在片酬支付过程中，张某多次向制片方催款。张某通过上述违法行为，掩盖了"天价片酬"，帮助郑某偷逃税款 4300 余万元，被依法处以 0.75 倍税款、即 3200 余万元的罚款。

《税收违法行为检举管理办法》（国家税务总局令第 49 号）第三十四条规定，检举事项经查证属实，为国家挽回或者减少损失的，按照财政部和国家税务总局的有关规定对实名检举人给予相应奖励。

案例一中，张某某检举某市律协税收违法行为经查证属于真实情况，张某某因此得到 3800 元奖励。而案例二中的张某虽然检举的事项经查证属实，并且查实的少缴税款金额远远大于案例一，但由于张某在郑某的税收违法行为中扮演了重要角色，根据税务机关的公开答复，张某的策划组织、沟通接洽、具体操作等行为，帮助了郑某偷逃税款，影响恶劣。根据《中华人民共和国税收征收管理法实施细则》第九十三条规定，为纳税人、扣缴义务人非法提供银行账户、发票、证明或者其他方便，导致未缴、少缴税款或者骗取国家出口退税款的，税务机关除没收其违法所得外，可以处未缴、少缴或者骗取的税款一倍以下的罚款。《中华人民共和国行政处罚法》第三十二条规定，关于配合行政机关查处违法行为有立功表现的，应当从轻或减轻处罚的规定。考虑张某是郑某偷逃税案件的举报人之一，依法对其处以 0.75 倍的罚款，计 3200 余万元。换言之，若张某未有举报行为，其处罚金额的倍数将为 1 倍。

而案例一中的张某某的奖金是否需要纳税？ 1994 年发布的《财政部 国家税务总局关于个人所得税若干政策问题的通知》（财税字〔1994〕20 号）规定，个人举报、协查各种违法、犯罪行为而获得的奖金暂免征收个人所得税。

25 企业借钱给个人股东，股东逾期未归还，是否应缴个人所得税

甲公司系 A 公司和苏某、倪某、洪某共同投资成立的有限责任公司。截至 2010 年年初，甲公司借款给三位个人股东共计 870 万元，上述借款于 2012 年 5 月归还，该借款未用于甲公司的生产经营。

2013 年 2 月 28 日，某市地税稽查局对甲公司涉嫌税务违法行为立案稽查，于 2014 年 2 月 20 日对甲公司做出税务处理决定，其中认定甲公司少代扣代缴高达 174 万元的个人所得税，责令甲公司补扣、补缴三位股东的个人所得税。

甲公司向某市人民政府提出了行政复议申请，某市人民政府

做出行政复议决定，维持了税务处理决定中第（七）项第 3 目的决定。甲公司不服，在法定期限内提起行政诉讼。

本案经过一审、二审、再审，法院均认为某市地税稽查局认定事实清楚，处理程序合法，责令甲公司补扣补缴 174 万元个人所得税的处理决定适当，维持某市地税稽查局的处理决定。

实务中，个人股东向被投资企业借款的情形并不少见。个人股东向其投资公司借款，除非属于抽逃出资，否则法律并不予以禁止。从商事角度来看，个人股东从其投资公司获得的借款，一般分为与经营有关和与经营无关两种。与经营有关的借款一般包括差旅费借款、为购买商品服务的暂借款等，与经营无关的借款则包括个人财务用途借款等。个人股东发生的与经营有关的借款行为，在税法中没有特别的规定，其借款个人及出借企业不涉及税务处理问题。企业若与其股东发生和经营无关的借款，除了应严格履行公司章程等约定的内部审批程序，还应关注可能产生的税法义务。

《财政部 国家税务总局关于全面推开营业税改征增值税试点的通知》（财税〔2016〕36 号）规定，企业向个人股东提供借款，属于将资金贷与他人使用而取得利息收入的贷款服务。因此，企业向个人股东收取的借款利息，应当按照规定计算缴纳增值税，并按照相关规定，缴纳相应的城市维护建设税、教育费附加和地方教育附加。对于这笔利息收入，企业还需根据《企业所得税法》的规定，计入应税收入，统一申报缴纳企业所得税。若企业将资金贷于股东，就企业自身而言则涉及上述相关税种，企业与股东之间如约定没有利息，即无息贷款，那么也可根据增值税、企业所得税相关法律法规规定，予以核定或纳税调整。

但在营改增和企业所得税法制定之前，既有税法制度不完善，也有税收征管措施存在疏漏的现象，因此企业与股东之间的借款，特别是无息借款，存在规避税法义务导致税款流失的可能。基于实践中出现的股东为逃避股息红利的个税，利用借款利息征税上的疏漏，以借款为名实则发放股息红利等情况，2003 年，《财政部国家税务总局关于规范个人投资者个人所得税征收管理的通知》（财税〔2003〕158 号）规定：对于个人股东从企业获得的借款，在借款年度不归还而又未用于生产经营，可以视为个人股东从企业取得的红利分配，个人股东依照视为"利息、股息、红利所得"项目计算缴纳个人所得税，而企业应按规定代扣代缴个人所得税。

本案中，三位股东虽然没有在借款年度归还借款，但在税务机关立案稽查前已经予以归还，那么是否还应作为股息红利处理。本案中税务机关并未因此改变相关认定和征收行为，毕竟 2010 年该行为的纳税义务已发生，2012 年发生的情况不能改变 2010 年的纳税义务。但《河北省地方税务局关于秦皇岛市局个人投资者借款征收个人所得税问题请示的批复》（冀地税函〔2013〕68 号）的第一条规定，个人投资者归还从其投资企业取得的一年以上的借款，已经按照"利息、股息、红利"征收的个人所得税，应予以退还或在以后应纳个人所得税中抵扣。

个人所得税是一种共享税，至于以后年度归还借款，地方政府是否有权自行决定退还或抵扣，相关行为是否损及中央的税权，这些疑问都指向了将借款拟制为股息红利是否合法合理。在法律层面没有对相应问题进行明确前，无论是企业还是个人股东，都既应遵从税法，严格履行股息红利代扣代缴义务，也应避免正常的借款在程序上违反相关法律规定而造成的税收上的损失。

26 纳税义务能约定由他人代为履行吗

何某与姚某于 2013 年 2 月签订商铺租赁合同，何某作为出租方，姚某作为承租方，双方在合同中约定"该商铺租金为业主实收租金，管理费、租赁所得税及一切有关国家规定的税费由承租方支付"。合同同时约定，姚某须在每月的 3 日之前向何某交付当月租金，如 5 日仍未交租金，视作姚某违约，何某有权终止合同并没收其租赁押金。

租赁合同于 2014 年 5 月解除，但姚某仍占有使用商铺，直至 2014 年 8 月才将其交还给何某。

双方就租金问题，以及姚某是否应当依据合同约定支付何某应缴纳的相关税费等问题产生了争议，诉至法院。

就相关税费承担方面问题，一审法院判决姚某需依合同约定支付。二审法院维持原判。

　　我国税收法律法规对于纳税人以及扣缴义务人应履行的扣缴义务均做出了明确规定。在现实生活中，交易双方往往会在合同中对于由合同一方当事人负担合同另一方当事人的税款予以约定，而这种约定常与税收法律或行政法规不相一致。由于增值税的税负可转嫁性，交易双方对税收负担的约定往往集中在所得税领域，特别是集中于个人所得税中。

　　在借款合同中，由于贷款人占据优势地位，如贷款人为个人，往往可能要求借款人承担贷款人就利息应缴纳的个人所得税，在买卖合同中，出卖人也往往可能要求买受人承担其就转让所得应缴纳的个人所得税。此外，在租赁合同中，出租方也往往可能要求承租方承担其就租赁所得应缴纳的个人所得税。

　　合同双方对于税费承担的约定，并不改变税法上关于纳税人的规定，因此对税务机关和纳税人之间的法律关系并不产生影响。法院对此也予以认可，即法院明确了，虽然我国税收管理方面的法律、法规对于各种税收的征收均明确规定了纳税人，但并未禁止纳税人与合同相对人约定由合同相对人或者第三人缴纳税款，即对于实际由谁缴纳税款并未做出强制性或禁止性规定。当事人在合同中约定由纳税人以外的人承担转让土地使用权税费的，并不违反相关法律法规的强制性规定，应被认定为是合法有效的。

　　因此，本案何某和姚某关于租金个人所得税的约定是双方的真实意思表示，合法有效。

　　同时对于承担的税费应如何计算，何某提供了《应缴税费告知书》《税收缴款书》证明其税费标准，姚某应支付其相应税费。

　　需要特别指出的是，本案中法院判决姚某需支付的使用费计算至 2014 年 8 月，而需要何某支付的税费计算至 2014 年 5 月。前者的计算基础为民事法律关系，后者则以税务机关实际征收的税款为准，何某提供的《税收缴款书》等只能证明相关税费已缴纳至 2014 年 5 月。在姚某实际占有使用商铺期间，虽然理论上也会产生与商铺出租相关的税费，但若未实际发生，姚某也无须支付。

本案中，从对于民事交易中的税费约定，我们不难看出，虽然税法规定了纳税人，但对于实际由哪一方承担税款并没有强制性、禁止性的规定，交易双方约定实际由谁承担税款属于双方意思自治的范畴，应予以尊重，但有关约定必须以遵从税法规定、不导致国家税款流失为前提。

27 不动产买卖税费由谁承担

2002 年 3 月 26 日，甲公司与乙公司就土地使用权转让签订《协议书》，其中明确了："（1）甲公司负责办理土地出让手续，土地出让金及相关出让费用，由乙公司按甲公司与土地管理部门签署的《国有土地出让合同》约定的付款方式及付款时间支付给甲公司，再由甲公司向政府相关部门缴纳；（2）甲公司土地出让手续办理完毕且乙公司向甲公司支付全部土地补偿金后，甲公司即为乙公司办理土地使用权转让手续，转让费用由乙公司承担；（3）乙公司为取得土地使用权，应向甲公司支付土地补偿金，每亩94万元（不含土地出让金及相关税费）。"

2002年4月2日，甲公司与乙公司签订《补充协议》。其主要内容如下："（1）按原订协议的期限，乙公司按每亩94万元向甲公司支付土地补偿金，每亩94万元中的流转税，按甲公司76%，乙公司24%的比例各自承担。乙公司承担的流转税税款，按原《协议书》约定在乙公司支付每期土地补偿金的同时一并支付，最终实际交付的税款应按双方约定的比例分配，多退少补。（2）除以上一条以外，原协议履行过程中所有的各项税费（包括土地增值税、交易税等，但不限于此），均由乙公司承担。（3）以上各项税费凡以甲公司名义缴纳的，应由乙公司如数支付给甲公司。"

2003年1月15日，甲公司与乙公司取得国有土地使用权转让鉴证单。双方通过办理权属变更登记手续，乙公司于2003年1月取得了该宗土地的国有土地使用证。

对于双方在《协议书》和《补充协议》有关税费承担的约定，乙公司并未履行。因而，甲公司主张乙公司尚欠其各种税金；乙公司则认为双方约定是规避法律的行为，应属无效。

就税金承担方面的问题，一审法院认为双方当事人对税金的约定并不违反法律、法规强制性规定，判决乙公司向甲公司支付契税41余万元。

二审法院即最高人民法院承认双方的协议合法有效，但《补充协议》只是明确了转让土地使用权过程中所发生的相关税费由谁负担的问题，并没有约定具体税费，因此，只有在相关主管部门确定税费种类及额度，由甲公司缴纳后，乙公司才能进行支付。

现实中不动产买卖，既包括存量房买卖合同，也包括土地使用权转让，由于房地产交易的宏观形势，多约定由买受人承担出卖人根据税收法律法规应当缴纳的税费。至于此约定是否合法，实践中多尊重双方约定，上海市高级人民法院 2006 年出台了《宏观政策调控后房屋买卖纠纷若干问题的解答》（沪高法民一 2006 年 15 号），其中第一条明确规定："根据约定优先、法定补充原则，当事人对税费的支付有明确约定的，应遵守约定。"但该规定的适用场合，也仅限于因宏观政策调控而引起的税费调整。当事人对调整后税费的支付没有约定或约定不明的，对于一般不动产买卖的税费负担问题，可以说目前仍然没有明确而统一的政策。

通过笔者对法院判例的考察，在民事诉讼领域中，法院多认为"一切税费由买方承担"，即"税负转嫁条款"约定有效，如本案中的一审和二审法院。

关于民事合同中对税费负担的约定的效力问题。无论是《中华人民共和国合同法》，还是《中华人民共和国民法典》，都规定合同违反法律、行政法规的强制性规定的无效，但民事合同并未改变税法对于纳税人的强制性规定，而只是约定了税款的负担；关于负税人税法并未规定，即便是对于普遍达成共识的税负具有转嫁性的增值税而言，税法也不曾规定负税人。因此民事合同中的此类规定并不会导致合同无效，同时该规定也不可能具有税法上的效力。买受人不会因为该约定而成为税法上的纳税人，税务机关也不因合同约定而向买受人课征税款；同时买受人不履行合同约定，不会产生税法上的法律责任，出卖人只能依据合同约定向其主张承担违约责任。

关于承担税费的金额问题。在增值税领域，前文讨论了一些关于销售方未开具发票导致购买方产生损失应如何赔偿的问题。由于增值税计算的特殊性，如果合同未约定损失赔偿的计算，那么购买方应承担主要举证责任。然而本案例所讨论的税费承担问题对于承担的金额的认定却无法在合同中进行；因为合同关于购买方税费的承担源自销售方税上的义务，只有销售方真实产生了税上的义务，或是有了完税凭证或税务机关通知，才可向购买方主张具体的履行义务。法院对于甲公司要求乙公司支付其尚未缴纳的税费的请求不予支持，但提示其在实际缴纳税费后，可以向乙公司另行主张权利。

28 不动产拍卖税费由谁承担

在申请执行人甲公司与被执行人乙公司企业借贷纠纷一案中，法院执行时发布的《拍卖公告》第九条载明："标的物转让登记手续由买受人自行办理。依照相关法律法规和政策的规定，交易过程中所发生的应由被执行人承担的税费，由买受人支付。"《竞买须知》第十二条第二款载明："依照相关法律法规和政策的规定，交易过程中所发生的应由原权利人、涉案当事人及买受人需承担的一切税收和费用（包括但不限于营业税及附加、土地增值税、契税、印花税、交易手续费、权证工本费、个人（企业）所得税、房产税和其他相关费用）全部由买受人承担。"在标的物介绍中特别说明："房地产过户交易过程中所发生的税费（包括但不限于增值税及附加、土地增值税、契税、印花税、交易手续费、权证工本费、个人（企业）所得税、房产税和其他相关费用）全部由买受人承担。"

异议人丙公司，在上述涉案房产的司法拍卖项目公开竞价中，以最高价6亿余元胜出。丙公司对执行实施部门在拍卖房产过户时，要求其承担被执行人企业所得税以及拍卖成交前发生的城镇土地使用税、房产税的行为不服，提出执行异议。

现行税法规定，房地产过户交易过程中，买受人需承担的税费仅包括契税。而增值税及附加、土地增值税、所得税等均以出卖人作为纳税人。但是，司法拍卖实践中，经常发生出卖人将税款转嫁给买受人承担的情形，在拍卖公告中通常会出现"转让或过户过程中产生的一切税费均由买受方承担"这样的条款。另外，在司法拍卖流拍后"以物抵债"的情形中，往往也有这样的约定。

对此，2017年1月1日施行的《最高人民法院关于人民法院网络司法拍卖若干问题的规定》（法释〔2016〕18号）第三十条规定，因网络司法拍卖本身形成的税费，应当依照相关法律、行政法规的规定，由相应主体承担；没有规定或者规定不明的，人民法院可以根据法律原则和案件实际情况确定税费承担的相关主体、数额。

2020年10月19日，国家税务总局办公厅在对十三届全国人民代表大会三次会议第8471号建议的答复（以下简称"答复意见"）中，对不动产司法拍卖之税费承担问题予以答复。答复中指出税务总局与最高人民法院赞同"税费各自负担"的建议。最高人民法院将进一步向各级法院提出工作要求，"要求各级法院严格落实司法解释关于税费依法由相应主体承担的规定，严格禁止在拍卖公告中要求买受人概括承担全部税费，以提升拍卖实效，更好地维护各方当事人合法权益"。该答复意见支持了司法解释中关于司法拍卖税费各自承担的规定，并相应减少了在司法拍卖公告中因要求买受人概括承担所有税费而引起的争议。

与一般的不动产交易不同，不动产拍卖由法院进行，直接在拍卖公告或竞拍公告中发布税费承担规则，这在一定程度上限制了买卖双方通过自由约定达成意思自治的权利。但从另一个角度，买受人参加竞买为自愿行为，视为其已了解并接受《拍卖公告》《竞买须知》所规定的相关条件，因此在竞买成功后，如果再以相关税费不应由其承担为由，申请撤销对其不利的执行行为，可能不利于司法拍卖的稳定发展。因此，本案中丙公司的执行异议没有得到法院的支持。

通过本案，我们不难发现，无论是最高人民法院的解释还是国家税务总局的答复意见，都支持拍卖中的税费应各自承担。但实践中仍然有大量的拍卖公告规定由买受人承担所有税费。因此，竞买人除非一开始便主张公告无效，否则一旦竞拍成功，再质疑拍卖公告本身的合法性，将很难得到法院的支持。

29 不动产拍卖公告规定所有税费由买受人承担合法吗

2019 年 7 月，在甲公司与乙公司、范某某、王某某、李某某、朱某某借款合同一案中，法院做出执行裁定，其中涉及司法拍卖。

乙公司提出异议，认为法院在拍卖公告中规定税费由买受人承担，使得有意竞买者因不愿承担近千万元的税费而放弃参与网上竞拍，导致第一次拍卖流拍。再次拍卖的公告中，法院仍规定税费由买受人承担，并调低起拍价格，造成了乙公司的损失。乙公司主张撤销涉案土地及房产的司法拍卖执行行为。

法院最终撤销对案涉土地及房产的司法拍卖行为。

如案例 28 所述，最高人民法院的解释和国家税务总局的答复意见均明确，司法拍卖中税费的承担应以法律法规为依据，不能概括规定由买受人承担。

根据《最高人民法院关于人民法院网络司法拍卖若干问题的规定》第三十条规定："因网络司法拍卖本身形成的税费，应当依照相关法律、行政法规的规定，由相应主体承担；没有规定或者规定不明的，人民法院可以根据法律原则和案件实际情况确定税费承担的相关主体、数额。"《中华人民共和国土地增值税暂行条例》第二条、《中华人民共和国契税暂行条例细则》第十一条均规定，本案中的案涉土地及房产产权转移可能产生的税费应由转让者承担。

在法律有明确规定税费承担主体的情况下，依照惯例将税费承担方式规定由买受人承担是不恰当的，乙公司所提执行异议理由成立。

本案对于发布拍卖公告的法院而言，无疑是一个警示。近年来，概括规定买受人承担所有税费的公告逐渐减少，但是由于长期的司法实践以及概括规定对于促成司法拍卖有着积极影响，有相当一部分司法拍卖公告仍然没有改变既有习惯。此外，一些拍卖公告为了回避合法性问题，采用了以下表述："因本次网络司法拍卖本身形成的税费，应当依照法律、行政法规的规定，由相应的缴税主体（包括被执行人和买受人）承担；被执行人承担的税费及拖欠的杂费由买受人垫付，对垫付的税费、杂费，买受人不能主张在本次拍卖成交款中清偿。"对于买受人而言，垫付的税费虽然不能主张在本次拍卖成交款中清偿，但仍可以于需要之时另行主张权利，这不失为一种折中做法。

30 民间借贷中，个人作为贷款人未开具发票，是否应承担企业借款人的税款损失

2012 年 5 月 24 日至 2014 年期间，何某某向甲公司等企业与个人多次出借款项。2015 年 3 月 14 日，何某某与甲公司等经过对账后，由甲公司等针对其中的三笔借款向何某某出具了三份《还款承诺书》。何某某依据《还款承诺书》提起诉讼，要求甲公司归还欠款及利息。案件经过两审，法院支持了何某某的诉讼请求。

据此，甲公司诉至法院，主张何某某在法律规定的范围内收取了利息，但并未开具正式发票，导致甲公司不能取得企业所得税税前扣除的合法财务凭证，造成了甲公司在企业所得税上的损失。同时，作为利息的支付人，甲公司认为其作为扣缴义务人承担了何某某的税款，要求何某某偿还甲公司的上述税款损失。

对于甲公司的上述诉求，两审法院均认为何某某是否履行申报及缴纳税款义务系其与行政机关的另一法律关系，不属于民事案件审查范围。而甲公司对其主张的因无发票无法税前扣除以及代扣代缴产生的损失，均未提交证据，应承担举证不能的法律后果。

无论是原合同法还是《中华人民共和国民法典》，均规定借款合同应当采用书面形式，但是自然人之间借款另有约定的除外。何某某与甲公司等虽未签订书面的借款合同，但存在书面的《还

款承诺书》以及资金往来记录，这些都是双方存在合法有效的民间借贷法律关系的证据。相关民事判决可以据此证明该民间借贷法律关系中借款人和贷款人之间的权利与义务，包括贷款人个人收取的利息。

对于企业向个人的借款利息支出，虽然《企业所得税法》及其实施条例未明确规定，但其第八条和其实施条例第二十七条规定，符合生产经营活动常规，应当计入当期损益或者有关资产成本的必要和正常的支出准予扣除。《国家税务总局关于企业向自然人借款的利息支出企业所得税税前扣除问题的通知》（国税函〔2009〕777号）规定，企业向股东或其他与企业有关联关系的自然人以外的内部职工或其他人员借款的利息支出，若同时满足以下两个条件：

（1）企业与个人之间的借贷是真实、合法、有效的，并且不具有非法集资目的或其他违反法律、法规的行为；

（2）企业与个人之间签订了借款合同。则利息支出在不超过按照金融企业同期同类贷款利率计算的数额的部分准予扣除。

对于何谓同期同类，《国家税务总局关于企业所得税若干问题的公告》（国家税务总局公告2011年第34号）明确指出："同期同类贷款利率"是指在贷款期限、贷款金额、贷款担保以及企业信誉等条件基本相同下，金融企业提供贷款的利率。其既可以是金融企业公布的同期同类平均利率，也可以是金融企业对某些企业提供的实际贷款利率。

换言之，甲公司与何某某之间的借款合同若符合国税函〔2009〕777号文，应准予计算扣除，如果由于甲公司纳税申报的相关材料不符合法律法规规定的扣除条件而不被允许进行扣除，甲公司也必须证明这与何某某未开具发票相关，同时应承担对损失金额的举证责任。实践中，基于以票控税的观念，需要收取利息的个人配合企业到主管税务机关申请代开发票，并承担相应的增值税、城建税、教育费附加、地方教育附加和个人所得税。如果企业替个人"包税"，即代为承担这些税款，很难会被税务机关准予税前扣除。

此外，对于甲公司是否应当履行何某某利息所得的个人所得税扣缴义务，《个人所得税法》规定，个人所得税以所得人为纳税人，以支付所得的单位或者个人为扣缴义务人。因此，甲公司作为利息的支付方代扣代缴个人所得税，具有税法上的依据，并应承担相应的税法责任，如果纳税人拒绝扣缴，扣缴义务人应当报告税务机关。

何某某作为贷款人，不仅负有个人所得税的纳税义务，还需要承担相应的增值税。案例 31 将进行详细论述，此处不再赘述。

31 个人借款收取利息需缴纳个人所得税吗

案例一：2008 年 6 月开始，楼某某与王某某约定以 7 分、8 分、9 分等不同的月利率借款给王某某，共计借款 1500 余万元，王某某不定期、不定额归还借款并支付利息给楼某某。截至 2012 年 8 月，楼某某从王某某处收取利息收入共计 600 余万元。根据《税收征管法》等相关税收法律规定，楼某某应缴营业税、个人所得税、城建税，楼某某经税务机关通知，拒不申报，逃避缴纳税款。一审法院认为，楼某某作为纳税人，经通知仍不申报税款，且逃避缴纳的税款数额巨大，占应纳税额百分之三十以上，其行为已构成逃税罪。二审法院纠正了一审法院关于应缴纳税款的金额部分的审判，不予采纳楼某某的改判无罪的上诉理由，判决楼某某犯逃税罪。

案例二：2013 年 3 月 20 日，陈某某、林某某与甲公司签订总价为 5500 万元的《商品房买卖合同》，并到县房地产管理中心备案登记。合同约定了付款方式、违约责任、产权登记以及争议应通过法院诉讼解决等内容。后由于合同无法履行，陈某某、林某某和甲公司通过仲裁委员会仲裁解除了上述商品房买卖合同。陈某某和林某某除收回签订合同时支付的人民币 5500 万元外，还以违约金的名义收取了 3328 万元。

仲裁委员会相关仲裁文书确认甲公司与陈某某、林某某之间的协议系商品房买卖合同，并调解予以解除。该仲裁由甲公司于 2014 年 3 月 18 日申请，次日即 3 月 19 日，以调解书结案，未独立认定任何案件事实。

后税务机关认为，陈某某、林某某等与甲公司的交易名为房屋买卖，实为借贷，陈某某等应就借贷利息所得 3328 万元缴纳营业税和个人所得税。征纳双方就涉案收入的性质、是否属于营业税课征范围等发生争议。最高人民法院在再审裁定中认为，税务机关可以根据实质课税原则独立认定案涉民事法律关系，并且在案涉民间借贷利息收入应征收营业税、个人所得税等税款方面，支持了税务机关的处理决定，同时提出考虑利息所得额时应确定是否属于实际所得，以避免重复计征。

两个案例均涉及民间借贷的税款缴纳问题。案例一中，债权人经税务机关通知仍不申报缴纳税款，数额巨大构成犯罪，即逃税罪。案例二中，税务机关认为，债权人并未与债务人之间订立借款合同，而是通过解除不动产买卖合同收取违约金的方式收取了利息，该行为并非税法上的偷逃税，而应属于反避税范畴，因此与案例一在判决结果方面有着较大的差异。

什么是民间借贷？《最高人民法院关于审理民间借贷案件适用法律若干问题的规定》第一条第一款规定，为"自然人、法人、其他组织之间及其相互之间进行资金融通的行为"。根据该定义，经金融监管部门批准设立的从事贷款业务的金融机构及其分支机构不属于民间借贷的主体。个人对外放贷行为，从民法角度而言，属于出借资金，后通过收取借款利息牟利。具体过程为借贷双方达成借贷合意，并订立借款合同。税法上，个人通过出借款项赚取利息的行为，共涉及以下几个税种：增值税及附加税、印花税、个人所得税。

根据税收法律制度的规定，对于民间借贷取得的利息收入，纳税人既应依法缴纳营业税（营改增之前）或增值税，也应依法缴纳个人所得税。增值税（或营业税）与个人所得税属于不同的税种，在原理、税基、计算方法、调节重点等方面均不相同。若对已经征收营业税或增值税的收入再征收个人所得税，并不存在重复征税的问题。

根据个人所得税法律制度，利息所得，应当缴纳个人所得税，税率为20%，以每次的收入额作为应纳税所得额。

根据《营业税改征增值税试点实施办法》及附件《销售服务、无形资产、不动产注释》的规定，个人出借借款并赚取利息的行为属于"销售服务—金融服务—贷款服务"，在增值税的征收范围内。个人属于小规模纳税人，根据《营业税改征增值税试点实施办法》第十六条的规定，个人发生应税行为，增值税征收率为3%。同时，对于个人纳税人，增值税规定了起征点标准，即在起征点以下无须纳税，在起征点以上全额纳税。根据增值税暂行条例，按期纳税和按次纳税的增值税起征点不同，起征点幅度如下：按期纳税的，为月销售额5000—20 000元（含本数）；按次纳税的，为每次（日）销售额300—500元（含本数）。目前增值税小规模纳税人按月销售的适用15万元的起征点标准，如债权人为小规模纳税人，则可适用按月15万元的标准。

因此在案例一中，楼某某共收取利息600余万元，超过了起征点，应全额纳税。

案例二涉及对陈某某等收取的违约金性质的重新认定。违约金和借款利息在税上是否待遇不同？违约金是否需要缴税？就增值税而言，合同未履行时收取违约方的违约金，由于未发生应税行为，不缴纳增值税。如果合同已经履行，销售方因购买方违反合同而取得的违约金，则属于价外费用，应并入销售额计算缴纳增值税。

案例二如被认为属于商品房买卖，双方虽有资金往来，但因合同未履行便解除，未发生应税行为，由此产生的违约金不涉及增值税缴纳问题。倘若该商品房买卖合同的实质为借款合同，已经发生资金往来，即应税行为已发生或部分发生，违约金则属于价外费用，此时增值税纳税义务已经产生。

此外，案例二涉及反避税问题。由于陈某某等不存在经通知申报而未缴纳的情形，所以不构成刑事犯罪，其补缴的税款是否应加收滞纳金？通常情况下，对于经核定依法属于税收征收范围的民间借贷行为，若不存在恶意逃税或者计算错误等失误，且税务机关经调查未发现纳税人存在偷税、抗税、骗税等情形，仅因纳税义务人对相关法律关系的错误理解方导致少缴税，税务机关应按实质课税，不宜一律征缴滞纳金甚至处罚。

对于民间借贷行为，最高人民法院在陈某某等一案的再审中认为，民间借贷行为一般具有人身和社会属性，特殊情形下也具有一定资本属性，对民间借贷行为征缴税款，宜坚持税收公平原则。

32 用人单位应如何支付离职劳动者相关经济补偿

案例一：李某某与甲公司追索劳动报酬及经济补偿金纠纷一案，相关民事判决书已于 2011 年 9 月 5 日生效，判决书中载明甲公司应支付李某某工资、加班工资等共计近 6 万元。甲公司依照判决书，共支付给李某某 4.5 万余元（扣除了个人所得税近 3000 元及代垫代补社保的个人应缴部分 7600 余元）。李某某对上述款项存在异议，提出执行异议但被驳回，后不服执行裁定，提起复议。

人民法院经与税务部门、社保部门沟通查明，上述个人所得税税款和社保款项在项目和金额上均符合法律规定，甲公司代为扣缴的该部分费用可以抵扣其应支付给李某某的赔偿款，最终驳回了李某某的诉讼请求。

案例二：刘某某原为乙公司员工，2013 年 4 月入职，签订了为期三年的劳动合同。合同虽然未明确约定薪酬具体金额，但明确了薪酬由基本薪酬和绩效薪酬两部分组成。2015 年 9 月，刘某某因父亲生病提出辞职申请，未获公司批准。

2016 年刘某某申请仲裁，要求乙公司支付 2015 年 9 月工资，支付解除劳动合同经济补偿金以及任职期间的项目业绩提成。某市劳动人事争议仲裁委员会做出裁决，乙公司应向刘某某支付工资、业绩提成。经过一审判决，二审中双方达成调解协议，乙公司应支付刘某某工资、业绩提成等共计 255 万元。

乙公司向刘某某的账户共转账 142 万余元，同时向税务机关缴纳刘某某的个人所得税款 112 万余元。

刘某某对其实际收到的金额不满，提出执行申请，主张民事调解书已经发生法律效力，要求乙公司履行相应义务，并请求冻结、划拨乙公司的银行存款。

乙公司提出执行异议，认为调解数额 255 万元为税前金额，《个人所得税法》规定，公司作为个人所得税代扣代缴义务人，应依法履行代扣代缴义务，要求法院返还扣划款项。但法院认为生效法律文书已就乙公司应给付的款项金额进行过确认，乙公司主张确认金额应为税前金额没有法律依据，对其请求不予支持。

后乙公司向税务局申请退还其为刘某某代扣代缴的个人所得税，税务机关不予退税。乙公司提起复议后，诉至法院。在行政诉讼中，乙公司主张因支付劳资纠纷款，导致公司重复承担了个人所得税款，申请退回代扣代缴的个人所得税税款。

经审理，法院认为乙公司是法定的扣缴义务人、负有代扣代缴劳动者个人所得税的法定义务，其代扣代缴行为并非法外之债。退税制度主要解决的是纳税人因超出应纳税额缴税、误缴或不应缴纳税款等多种因素引发的税款是否予以退还等问题。乙公司代扣代缴个人所得税并不属于税法规定的退税情形，故驳回其诉讼请求。

两个案例都涉及用人单位支付离职劳动者相关经济补偿的金额应为税前还是税后，是否应代扣代缴个人所得税，以及公司向离职劳动者进行的支付是否符合其他法律规定等问题。

案例一中，法院认为就个人所得税而言，个人对其在中国境内取得的所得，有依法缴纳个人所得税的义务，扣缴义务人在向个人支付应税款项时，应当依照税法规定代扣税款。甲公司向李某某支付款项时，双方劳动关系虽已解除，但甲公司支付给李某某的款项是基于劳动关系产生的，故不能免除代扣代缴义务。此外，企业负有代扣代缴社会养老保险的义务。

案例二中，用人单位乙公司按照生效的调解协议支付了离职劳动者相关经济补偿，该补偿主要由未支付的工资和业绩提成构成。乙公司作为法定的扣缴义务人，在履行代扣代缴义务后将税后所得支付给了刘某某，但在民事审判中，法院将乙公司应给付李某某的金额认定为税后金额，与此同时乙公司向税务部门申请退税并不符合法定条件，从而导致乙公司重复承担了李某某的个人所得税款。

两个案例情节上有相似之处，结果却截然相反。

从劳动法的角度看，用人单位与劳动者约定的工资是否包含劳动者的个人所得税税款，即金额是税前还是税后，并无法律规定。但按照惯例，工资的总额包含个人负担的社会保险与公积金部分，而个人所得税较之社会保险和公积金更具强制性，因此个人的法定负担部分也应当被包含在工资总额中。

从现行个人所得税综合所得和分类所得相结合的税制来看，居民取得的工资薪金所得不再单独计税，而是与劳务报酬所得、稿酬所得、特许权使用费所得一起构成综合所得进行汇算清缴，因此用人单位在对劳动者工资薪金所得履行扣缴义务时，也只是预扣预缴。换言之，劳动者本年度工资薪金所得的税负是不确定的，这种不确定既包括本年度的不确定因素，也包括当次年进行汇算清缴，劳动者如果有其他综合所得时，在累进税制下也只能通过平均税率去推算出本年度工资薪金的税额，因此何谓税后工资更加难以计算。

案例二中，法院将相关款项认定为税后金额的情况，其实不但忽视了一般交易惯例，同时对何谓税前、税后在法律和客观事实上未能进行准确理解。

就用人单位而言，其履行扣缴义务时，可以先行告知纳税人，若纳税人拒绝，则可依法告知税务机关，以降低自身在民事法律关系和行政法律关系中的风险。

33 劳动者违反竞业限制约定，如何返还竞业限制补偿金

李某某 2016 年 10 月入职甲公司，2018 年 7 月 20 日向该公司提出辞职，解除双方劳动合同。离职后，该公司按月支付李某某竞业限制补偿金，共计 4.6 万余元，代扣代缴个人所得税款后，从 2018 年 8 月至 2019 年 2 月，公司一共支付了 4.4 万余元。在个人所得税方面，该公司解释 0.2 万余元的税款是由公司按照 20% 的税率对 2019 年 1 月和 2 月向李某某支付的竞业限制补偿金进行的代扣代缴。

由于李某某违反了竞业限制义务，该市劳动人事争议仲裁委员会裁决李某某返还甲公司竞业限制补偿金 4.4 万余元。

甲公司不服仲裁裁决提起诉讼，要求李某某返还 2018 年 8 月至 2019 年 2 月已支付的竞业限制补偿金人民币 4.6 万余元。一审法院支持了公司的诉讼请求。

李某某不服提起上诉，对甲公司已经发放竞业限制补偿金及

代扣代缴个人所得税的金额不持异议，但主张公司代扣代缴行为无法律依据，且双方未约定发放补偿金为税前金额，故代扣代缴部分的个人所得税不应由其返还，要求仅按税后金额承担竞业限制补偿金的返还义务。二审法院维持原判，认为在个人所得税的纳税人为所得人、支付单位仅为扣缴义务人的情况下，李某某要求仅按税后金额承担竞业限制补偿金返还义务的主张依据不足。

《个人所得税法》第九条规定，个人所得税以所得人为纳税人，以支付所得的单位或者个人为扣缴义务人。根据双方《机密信息保护及其他义务遵守承诺函》中关于竞业限制义务的规定，当李某某履行竞业限制时，甲公司应按照约定支付竞业限制补偿金。在这一法律关系中，李某某是所得人，该公司是支付人，因此李某某为纳税人，该公司为扣缴义务人。

该公司支付竞业限制补偿金并代扣代缴个人所得税的行为符合税法规定，从法律性质上来说，李某某收到的竞业限制补偿金为 4.6 万余元，由于应缴纳个人所得税，因此税后所得为 4.4 万余元。李某某违反竞业限制协议，应当返还的竞业限制补偿金不仅包括其收到的税后款项，也应当包括公司为其扣缴的个人所得税款，即合计为 4.6 万余元。

该案证明了相关补偿金应为税前金额，尽管相当于税款的金额部分李某某未曾收到，但在法律上其本人作为所得人应为相关税款的纳税人。

34 自然人转让股权，受让方应履行扣缴义务

《国家税务总局某市税务局第二稽查局税务行政处罚决定书》显示，甲公司 2014 年至 2017 年期间发生了大量股东退股行为：2014 年退股金额为 2000 万余元，取得该股份的原始投资额为 524 万余元；2015 年退股金额 2504 万余元，取得该股份的原始投资额为 626 万余元；2016 年退股金额为 10 万余元，取得该股份的原始投资额为 2 万余元；2017 年退股金额 3 万余元，取得该股份的原始投资额为 8000 元。该公司在支付上述退股金额时，虽已代扣财产转让所得个人所得税 692 万余元，但未在规定时间内申报代缴，形成欠税，相应的滞纳金也未缴纳。

另外，针对上述退股行为，该公司还支付了 0.15 元 / 股的退股补贴，未代扣代缴个人所得税，其中 2014 年应代扣代缴个人所得税 17 万余元、2015 年应代扣代缴 17 万余元、2016 年应代扣代缴 780 元、2017 年应代扣代缴 240 元，合计 34 万余元。

税务机关根据《税收征管法》第六十三条第二款的规定，对已经代扣但未代缴的个人所得税 692 万余元处以 50% 的罚款，计 346 万余元；根据《税收征管法》第六十九条的规定，对未按规定代扣代缴的个人所得税处以 1.5 倍的罚款，共计近 52 万元。

《股权转让所得个人所得税管理办法（试行）》（国家税务总局

公告 2014 年第 67 号，以下简称 67 号公告）第三条规定，股权转让是指个人将股权转让给其他个人或法人的行为，除了出售股权，还包括公司回购股权、被司法或行政机关强制过户、以股权抵偿债务以及其他股权转移行为等。退股，即股东将其所持股权退还给公司，要求公司或大股东收购其股权，在性质上属于股权转移。个人股东退股，取得所得的，负有个人所得税的纳税义务。

67 号公告第五条规定，个人股权转让所得个人所得税，以股权转让方为纳税人，以受让方为扣缴义务人。个人股东退股，将股权退还给公司的，公司作为扣缴义务人应履行代扣代缴义务。

扣缴义务人应于股权转让相关协议签订后 5 个工作日内，将股权转让的有关情况报告至主管税务机关。

本案中，甲公司作为扣缴义务人存在两种行为。一是已扣未缴，《税收征管法》第六十三条第二款规定，扣缴义务人不缴或者少缴已扣、已收税款的，由税务机关追缴其不缴或者少缴的税款、滞纳金，并处不缴或者少缴的税款百分之五十以上五倍以下的罚款；构成犯罪的，依法追究刑事责任。二是未扣未缴，《税收征管法》第六十九条规定，扣缴义务人应扣未扣、应收而不收税款的，由税务机关向纳税人追缴税款，对扣缴义务人处应扣未扣、应收未收税款百分之五十以上三倍以下的罚款。由此可见，已扣未缴行为属于偷税，因此较未扣未缴行为面临的处罚更重。

本案中，税务机关对甲公司已扣未缴的行为处以 50% 的罚款、对未扣缴的行为处以 1.5 倍罚款，可能是由于该公司已申报，同时具有其他从轻情节。在一般未扣缴的情形下，实务中很多税务机关一旦无法向纳税人追缴税款，便会对扣缴义务人按 1.5 倍处罚。

因此，股权转让中，转让方作为扣缴义务人，应积极履行代扣代缴义务，避免受到相关处罚。

35 网络主播打官司，法官意外发现偷税线索

小雪（化名）是一名主播，和某文化传媒公司签订了艺人直播合同，但双方合作不到一年，即因数十万元的提成等问题产生纠纷并诉至法院。法院经过审理，判决公司应支付小雪提成款35万余元及相关利息。

同时法院发现，小雪和文化传媒公司均涉嫌逃税，于是向该公司注册地某市税务局发出了司法建议书：详细核查某文化传媒公司在 2017 年 10 月至 2018 年 7 月与小雪履行艺人直播合同期间，应代扣代缴的小雪个人所得税是否合法；请梳理辖区其他公司将个人所得税与公司应缴纳的各项税收统一报税的情况，就其是否具有合法性对公司和个人进行宣传。

法院发出司法建议书两个月后，收到了某市税务局的回函，追回了应补缴的企业所得税、个人所得税、增值税、城市维护建设税、教育费附加及地方教育附加共计 90 余万元。

本案的民事争议焦点为传媒公司是否拖欠女主播提成款。在

审理中，传媒公司举证网上电子回单 20 张，证实 2017 年 10 月 27 日至 2018 年 6 月 28 日向小雪转账支付共计 87 万余元，小雪也自认公司已支付提成款 92 万余元。同时，小雪提供了直播平台的网页截屏，证明 2017 年 10 月至 2018 年 7 月，公司（直播）公会后台数据为 160 万余元，根据补充协议小雪按照（直播）公会后台数据的 80% 拿到提成（税前），应获得 128 万余元。小雪出示了由市税务局开具的 2018 年 2 月至 11 月的个人所得税《税收完税证明》，金额合计 808 元。

税前收入和完税证明之间的巨大差距，让法官对双方之间是否存在逃税产生了怀疑。

根据 2018 年修订前的《个人所得税法》，对网络主播征个税的前提是确定其所得的性质，而所得性质的确定应当以双方的民事法律关系为基础。本案中，小雪担任主播进行线上演艺直播，完成直播演艺后，公司按时足额支付给小雪提成款。因此主播和公司之间无论是否签订劳动合同，当公司向主播个人支付报酬时，均应履行扣缴个人所得税的义务。当双方存在劳动关系时，公司应按照工资、薪金所得扣缴个人所得税款；当双方不存在劳动关系时，则应根据合同的内容和具体的履行情况确定是否要扣缴个人所得税。

当主播以完成一定量的直播任务为获得报酬的前提时，意味着其所得是主播个人通过演出、表演取得的所得，属于劳务报酬所得。因此公司应按照劳务报酬所得按次或按月扣缴个人所得税款。2017 年 10 月至 2018 年 7 月期间发生的 160 万余元的税前劳务报酬，平摊到十个月中大约每个月为 16 万元，在当时的个人所得税法律制度下，最高适用 40% 的边际税率。因此，2018 年 2 月至 11 月合计 808 元的个人所得税完税证明，与其巨额的税前收入明显不匹配。

从当地税务局的核查结果"2016 年少扣缴 1 万余元；2017 年少扣缴 17 万余元（其中小雪占 12 万余元）；2018 年少扣缴 16 万余元（其中小雪占近 16 万元）"来看，该公司不仅对小雪的报酬未履行个人所得税扣缴义务，还未履行其他个税扣缴义务。

而在现行个人所得税制下，主播作为居民个人，无论是收到工资、薪金还是劳务报酬，都应作为综合所得计算缴纳个人所得税。支付人在支付时，应当按照不同所得的性质进行预扣预缴，由纳税人在次年 6 月 30 日之前完成汇算清缴。

36 网络红包要缴个人所得税吗

2018 年 4 月，雷某某接到某市某区社会保障中心通知，因某某支付公司在 2017 年 7 月、8 月为雷某某缴纳了个人所得税，该记录违反了国家规定的补贴政策，致使雷某某低保审核、住房补贴和政府相关审核未能通过。雷某某于 2018 年 5 月至 8 月期间多次往返相关部门，社会保障中心表示，审核是先予通过，需本人提供相关证明，若雷某某提供的相关证明手续是虚假的，则取消其相关福利资格。雷某某为此诉至法院，主张该支付公司无故盗用了雷某某姓名，侵害其姓名权。

经与税务部门核实，上述税费确为该支付公司代为缴纳，雷某某在此之前从未与该公司有过业务往来，亦未从其处获得任何收入。雷某某的红包记录为：2017 年 6 月 2 日、6 月 14 日，雷某某分三次合计领取某某支付公司红包 0.1 元。2017 年 7 月 19 日，雷某某分两次合计领取某某支付公司红包 0.03 元。

2017 年 7 月，该支付公司为雷某某代扣代缴偶然所得个人所得税 25 元，2017 年 8 月，该支付公司为雷某某代扣代缴偶然所得个人所得税 5 元。

2018 年 8 月 26 日，该区税务局针对雷某某的举报行为做出告知书，载明"某某支付公司代扣代缴雷某某个人所得税的计税依据不准确"。鉴于此案为该公司的过错，法院判决某某支付公司递交书面道歉信，并赔偿雷某某精神损害抚慰金 1000 元。

随着即时通信软件的普及，网络红包成为个人之间用于联络和表达感情的重要工具，也是商家或企业在促销活动中常用的手段。对于收取红包的个人该如何进行纳税等相应问题，2015 年国家税务总局发布了《国家税务总局关于加强网络红包个人所得税征收管理的通知》（税总函〔2015〕409 号）予以明确。

（1）对个人取得企业派发的现金网络红包，应按照偶然所得项目计算缴纳个人所得税，税款由派发红包的企业代扣代缴。

（2）对个人取得企业派发的且用于购买该企业商品（产品）

或服务才能使用的非现金网络红包，包括各种消费券、代金券、抵用券、优惠券等，以及个人因购买该企业商品或服务达到一定额度而取得企业返还的现金网络红包，属于企业销售商品（产品）或提供服务的价格折扣、折让，不征收个人所得税。

（3）个人之间派发的现金网络红包，不属于个人所得税法规定的应税所得，不征收个人所得税。

对于情形（1），如本案中雷某某取得来自该支付公司的红包，应按照偶然所得计算缴纳个人所得税。对于情形（2），如个人收到网络商家发放的 30 元购物红包，满 200 元方可以使用，不需要缴纳个人所得税。对于情形（3），如家人之间过年互发红包，彼此都不需要缴纳个人所得税。

本案中，雷某某前后五次从该支付公司取得网络红包，税后合计为 0.13 元，应适用偶然所得 20% 的税率，假设税前收入为 X，（X–20%X）=0.13，X≈0.16 元。因此该支付公司代扣代缴雷某某个人所得税的计税依据不准确。

对此，该公司解释为"为了便于缴纳税款，对部分红包获得者进行了合并申报并缴税"。其在 2017 年 8 月 14 日对雷某某 6 月的偶然所得进行了重新申报，申报收入为 0.13 元，实缴税款为 0.03 元。在 2017 年 9 月 14 日对雷某某 7 月的偶然所得进行了重新申报，申报收入为 0.04 元，实缴税款为 0.01 元。

该支付公司第一次的申报并不符合税法规定，给纳税人雷某某带来了困扰。那么对于这种仅仅几分钱的税额，公司是否还需要履行代扣代缴义务？

2012 年 6 月 14 日国家税务总局发布公告规定，为了提高征收效率，降低征收成本和纳税人负担，主管税务机关开具的缴税凭证上的应纳税额和滞纳金为 1 元以下的，应纳税额和滞纳金为零。因此，该支付公司无须代扣代缴雷某某的相关个税税款。

虽然国家税务总局下发了相关通知文件，但日常生活中，个人收到的来自其他个人的网络红包，有可能是企业通过该形式进行的其他名目的发放。针对这种情况，税收机关等一方面要在完善法律依据的同时加强纳税监管，另一方面要合理规定对于相关红包性质的举证责任问题。

37 对赌协议中的个人所得税问题

案例一：下文为网传的一份某省税务局关于"对赌协议的个人所得税问题"的答复。

问：企业股权转让签订对赌协议，协议要求三年净利润不低于 3 亿元，达不到要求按规定进行现金补偿，个人所得税已缴纳。现三年已过，因净利润达不到要求，要进行现金补偿，那么之前缴纳个人所得税部分能否申请退还？

答：根据您提供的信息，您所述的情形没有退还个人所得税的相关政策。

案例二：2014 年 5 月 16 日，李某某与甲公司签署《某某投资集团股份有限公司与程某某、李某某、曾某某之发行股份及现金购买资产协议》，约定：李某某将持有的乙公司的 38.096% 股权（出资额 950 万余元）转让给甲公司，取得股份对价收入 1.9 亿余元（甲公司股份 14436 421 股，每股作价 13.68 元）和现金对价收入 7600 万余元。

2014 年 5 月、8 月，李某某与甲公司先后签署了一份资产盈利预测补偿协议及两份补充协议。上述协议约定，如果乙公司 2014 年、2015 年和 2016 年各年度的实际净利润数低于预测数，李某某将向甲公司进行补偿。

后由于乙公司相应年度的实际净利润数低于预测数，李某某补偿了甲公司股份 1038 644 股。

根据《国家税务总局某市税务局第三稽查局 2020 年第 91 号送达公告》的规定，税务机关认为，李某某转让乙公司股权时未足额缴纳个人所得税，计算查补税额时，扣减了其补偿甲公司传媒股票 1038 644 股对应的价值。换言之，税务机关认可了李某某对赌失败后对甲公司的业绩补偿不需补缴个人所得税。

对赌协议约定的或有现金补偿部分应如何进行税务处理，是长期以来的一个争议热点。

首先，股权变更登记时，或有现金补偿部分是否应该交税？

我们做两种极简的案例假设。

情形一：张三向李四出售股权，约定 3 年的净利润不低于 3

亿元。签订股权转让协议并变更股权登记时，李四先支付 5 亿元，对赌条件达成后，李四再支付 2 亿元。如果条件达不成，则不必支付。问：股权转让时，或有金额 2 亿元是否要交个人所得税？

《股权转让所得个人所得税管理办法（试行）》（国家税务总局公告 2014 年第 67 号，以下简称 67 号公告）第九条规定，"纳税人按照合同约定，在满足约定条件后取得的后续收入，应当作为股权转让收入"。满足约定条件后实际取得约定的或有所得时，才作为股权转让收入交税。因此，股权转让方不太可能对未收到的 2 亿元申报缴纳个税。

情形二：张三向李四出售股权，约定 3 年净利润不低于 3 亿元。股权转让协议签订并变更股权登记时，李四先支付 7 亿元。对赌条件如果达不成，张三便向李四退回 2 亿元。问：股权转让时，或有金额 2 亿元是否要交个人所得税？

实务中，股权转让方先就 7 亿元申报纳税。后期如果对赌条件达不成，股权转让方再就退回金额部分申请退税，但正如某省税务局的答复，由于没有明确的退税规定，税务机关退税也存在法律风险。

实践中，更多对赌协议是情形二的形式。那么在情形二中，张三可否就已经确定可以取得的 5 亿元申报个税，未来如无须退回 2 亿元再就该笔所得申报个税？在变更股权登记时，虽然张三取得了该笔 2 亿元的金额，但其是否达到了可以确认收入的条件呢？

在企业所得税中，收入确认需要同时满足四个条件，其中包括"企业已将商品所有权相关的主要风险和报酬转移给购货方""收入的金额能够可靠地计量"。而对赌协议中的或有对价，属于与交易的标的资产相关的风险。在股权转让协议签订时，这个风险仍然由股权转让方承担，并未发生转移。同时由于对赌协议约定的条件还未实现，显然或有对价不能够被可靠计量。

从企业会计准则的角度来看，企业应当在履行了合同义务，即在客户取得相关商品控制权时确认收入。在对赌协议中，股权转让方事实上承担了两项义务：一是将股权登记变更为受让方；二是实现对赌协议约定的利润条件，但协议签订时，第二项履约义务还未履行，其相应的收入当然也不能确认。

因此，个人所得税法律制度应弥补相关的规则缺失，与企业所得税保持内在精神一致。

其次，股权转让协议签订时多缴的税款，能不能退？

对于情形二，预收的"经济利益"并不属于张三取得的"收入"，张三多申报了收入，自然会产生"超过应纳税额缴纳的税款"。

在目前可查询到的公开案例中，有的税务机关主张，"金税三期"系统里没有多缴税金的信息，税款是纳税人自愿交的。那么，修改申报表是纳税人的权利，通过修改申报表可以产生多缴税金。

有的税务机关主张，缴纳税款是纳税人履行税务机关处理决定的行为。这种情况下，税务机关的处理决定才是有公定力的，纳税人应该通过税务争议解决渠道撤销相关处理决定，缴纳的税款才会变成多缴税金。

而税务机关的上述观点，也为纳税人申请退税提供了一定支持。

38 装修房屋需要交环境保护税吗

　　某公司对本公司办公场所进行室内装修，忽被税务机关告知未按期缴纳环境保护税，涉及税款的补缴和滞纳金的加收，同时涉及一些行政处罚。

　　《中华人民共和国环境保护税法》于 2018 年 1 月 1 日起正式实施，由于环境保护税被认为是替代了排污收费，所以这也在一定程度上体现了制度平移。由于征收机关不同，执法力度和法律责任也产生了变化。如企业排污费谎报瞒报、拒不缴纳等情况，原《排污费征收使用管理条例》仅规定了处以三倍以下的罚款、责令停产停业整顿等措施，在实际执行中条例威慑力明显不足。税务机关针对企业偷税，将追缴企业不缴或者少缴的税款和滞纳金，并处相应税款百分之五十以上五倍以下罚款，构成犯罪的，还要被追究刑事责任。

　　根据税法规定，直接向环境排放应税污染物的企业事业单位和其他生产经营者为环境保护税的纳税人，而应税污染物为大气污染物、水污染物、固体废物和噪声。建筑公司的施工现场会产生很多灰尘、噪声以及固体废弃物，其中扬尘就是最常见的环保税的征税对象。

　　那么室内装修是否需要缴纳环保税呢？应该由谁来缴纳？

第一，关于扬尘应征收环保税的建设工程施工工地的范围，虽然《关于建设施工工地扬尘征收环境保护税有关事项的通知》（京税函〔2018〕4号）中并无明确规定，但由于环保税属于制度平移，《北京市环境保护局关于建设工程施工工地扬尘排污费征收有关工作的通知》（京环发〔2015〕5号）规定，公租房建设工程、救灾和抢险工程，以及居民住房装修工地免收施工扬尘排污费，因此对于公租房建设工程、救灾和抢险工程，以及居民住房装修工地的环保税也应当考虑免征。换言之，不属于免征范围的施工工地应缴纳环保税，而本案中的办公场所装修并不在京环发〔2015〕5号所列举的免征范围内。

第二，建筑工程一般至少涉及两方主体——施工方与建设方。法律规定，直接排放污染物的无疑是施工方，纳税人应当为施工方。出于征管便利考虑，京税函〔2018〕4号规定，北京市行政区域内的建设工程施工扬尘应缴纳的环境保护税由建设单位（含代建方）向建设项目所在地主管税务机关申报缴纳，换言之，建设方有申报缴纳的义务。做出类似规定的还有江苏省和山东省，《国家税务总局 江苏省税务局 江苏省生态环境厅关于部分行业环境保护税应纳税额计算方法的公告》和《山东省环境保护税核定征收管理办法》规定，各类建设工程的建设方（含代建方）应当承担施工扬尘的污染防治责任，将扬尘污染防治费用纳入工程概算，对施工过程中无组织排放应税大气污染物的，应当计算应税污染物排放量，按照相关规定向施工工地所在地主管税务机关缴纳环境保护税。因此无论是建设方还是施工方，均应对本省、自治区、直辖市的相关规定进行了解，双方在签订相关合同时，基于彼此在税法上的义务，对合同义务相应予以明确。

第三，由于环境保护税的征收涉及协调税务、环保、城建、城管等各部门，就建设工程施工而言，施工单位应向城建部门申领施工许可证，因此施工许可证的发放即为环保税监管的源头。《建筑工程施工许可管理办法》（中华人民共和国住房和城乡建设部令第 18 号）规定，工程投资额在 30 万元以下，或者建筑面积在 300 平方米以下的建筑工程，可以不申请办理施工许可证。但是可不申领施工许可证的建设工程，并非一定没有缴纳环保税的义务。因此为了优化营商环境，各部门在行政审批方面在适当进行宽松管理的同时，还应当加强行政协助力度。

39 未办理不动产权证书，但实际获得了不动产的经济利益，需要交契税吗

2006 年 4 月 28 日，某市人民政府国有资产监督管理委员会做出批复，同意该市旅游局将甲公司国有产权上市交易。2006 年 6 月 18 日，该市旅游局向乙公司办理了国有产权的移交手续。

2006 年 8 月 25 日，乙公司与该市国土资源局签订《国有土地使用权出让合同》，将该市 ×× 路 39 号的国有土地使用权以 9800 万余元出让给乙公司。2006 年 11 月 6 日，乙公司缴纳了 ×× 路 39 号的契税共计近 400 万元，计税金额为 9800 万余元。

2006 年 11 月 14 日，由于乙公司存在借款合同纠纷，××路 39 号国有土地使用权被查封，如该国有土地使用权已变更至乙公司名下，也同样予以查封。由于乙公司存在其他民事诉讼案件，根据人民法院裁定，将甲公司位于××路 39 号的房产、机械设备、花草树木盆景的所有权及土地使用权归丙公司所有。2009 年 11 月 26 日，A 市中级人民法院注销甲公司位于××路 39 号的土地使用权证、房屋所有权证及已设定的他项权。

2009 年 12 月 9 日，丙公司按相关规定申请办理该宗土地的登记，该土地已登记到丙公司名下。

2014 年 12 月，乙公司要求地税局退还其就××路 39 号国有土地使用权缴纳的契税近 400 万元，理由是乙公司未取得土地使用权，不是契税的纳税义务人。

后乙公司提起行政复议，又诉至法院，一审判决驳回乙公司诉讼请求，二审维持原判。

本案的核心焦点为乙公司是否取得了××路 39 号国有土地使用权，从而根据契税法律规定（当时的法律依据为《中华人民共和国契税暂行条例》），是契税的纳税义务人。

本案中，由于乙公司存在借款合同纠纷，其债权人分别对乙公司提起借款合同纠纷诉讼，并申请财产保全；虽然乙公司并未领取上述土地的使用权证，但当地中级人民法院发布的协助执行通知书认为，甲公司宾馆财产权已转让给乙公司，因此查封了国有土地使用权；为执行有关生效民事判决书，人民法院将查封的国有土地使用权进行评估、拍卖，并将拍卖土地使用权的所得用于偿还生效民事判决书所确定的乙公司的债务，而丙公司正是通过上述拍卖竞得该土地。

从法律形式上看，乙公司与该市国土资源局签订了《国有土地使用权出让合同》，为办理土地使用权证缴纳契税的行为符合税法规定。最终未能办理国有土地使用权登记，是因人民法院对其所涉民事纠纷采取诉讼保全及执行措施，即冻结了乙公司申请的××路39号国有土地使用权证办理程序，并不影响其占有、使用和财产权的归属，不存在法定的退税情形，因此不能否定其为××路39号国有土地使用权承受人的身份。从经济实质上看，乙公司以该土地的价值偿还了相关债务，实际取得了该土地的经济利益。综上，乙公司缴纳契税的行为符合税法规定，同时也不满足契税法律制度中的退税条件。

40 契税的纳税义务发生时间与滞纳金问题

案例一：周某某于 2011 年 3 月 24 日签订房屋购买合同，购买河南某城市广场商铺一套，但一直没有缴纳契税。周某某于 2014 年 5 月准备办理房产证，缴纳契税时被当地税务机关告知需要在房屋买卖合同签署一个月内纳税，逾期应缴纳滞纳金。在此之前，周某某并未收到税务机关任何书面或口头的催缴通知，由此周某某在 2014 年 5 月 10 日缴纳了总计 3 万余元的滞纳金。周某某对税务机关征收滞纳金的行为不服，提起行政诉讼。一审法院驳回其诉讼请求。周某某后提出上诉，但在二审法院对该案进行审理的过程中，周某某申请撤回上诉。

案例二：孙某某于 2010 年 9 月与开发商签订商品房买卖合同，购买了江苏某小区一套住房。2012 年 8 月，房屋竣工交付。11 月 14 日，孙某某拿到开发商开具的房屋发票。11 月 19 日，孙某某拿着买房合同和发票到本市地方税务局第一税务分局办理权属登记，该分局当即向孙某某开具了一张打印有"契税 0.5 万余元，滞纳金近 0.2 万元"的票据，共征收了孙某某近 0.7 万元。孙某某对税务机关征收滞纳金的行为不服，提起行政诉讼。后税务机关在法院开庭后承认了错误并向其赔礼道歉，如数退还了滞纳金，双方达成和解，孙某某向法院提交了书面撤诉申请。

上述两个案例均涉及购买房屋的契税缴纳问题，核心在于纳税人应于何时缴纳契税，从而不会产生滞纳金？《中华人民共和国契税法》于 2021 年 9 月 1 日施行，若纳税人的上述行为发生在该法施行之后，是否产生滞纳金？

上述案例均适用 1997 年颁布的《中华人民共和国契税暂行条例》，该条例规定，"契税的纳税义务发生时间，为纳税人签订土地、房屋权属转移合同的当天，或者纳税人取得其他具有土地、房屋权属转移合同性质凭证的当天"。条例对纳税人申报纳税的期限也予以了明确，"纳税人应当自纳税义务发生之日起 10 日内，向土地、房屋所在地的契税征收机关办理纳税申报，并在契税征收机关核定的期限内缴纳税款"，但条例并未明确纳税人未按期办理申报应承担何种法律责任。对于未在规定期限内缴纳税款的，《税收征管法》第三十二条规定，"纳税人未按照规定期限缴纳税款的，扣缴义务人未按照规定期限解缴税款的，税务机关除责令限期缴纳外，从滞纳税款之日起，按日加收滞纳税款万分之五的滞纳金"。

由于契税是地方税，各地地方政府规章及其他规范性文件曾对征管的细节予以进一步细化。周某某房产所在的河南省发布的《河南省财政厅关于契税征收管理具体问题的通知》（豫财农税字〔1997〕第 53 号）第七条规定："契税的纳税时间：契税纳税义务发生时间，为纳税人签订土地、房屋权属转移合同的当天，或者纳税人取得其他具有土地、房屋权属转移合同性质凭证的当天。纳税人应当从纳税义务发生之日起 10 日内，向土地、房屋所在地的契税征收机关办理纳税申报，并在 20 日内缴纳税款。"《河南省财政厅关于如何确定契税滞纳金计征时间的批复》（豫财办农税〔2005〕23 号）规定："……已经发生了纳税义务，纳税人应在 10 日内向征收机关办理纳税申报。如纳税义务发生 30 日内，纳税人未到征收机关办理纳税申报，且未缴纳契税的，征收机关在纳税义务发生 30 日后，按日加收应纳税额万分之五的滞纳金。"周某某虽然没有收到税务机关的催缴通知，但根据当时当地的规范性文件，应上缴滞纳金。

孙某某房产所在的江苏省发布的《江苏省实施〈中华人民共

和国契税暂行条例〉办法》（江苏省人民政府令第 145 号）规定：
"纳税人应当自纳税义务发生之日起 10 日内，向土地、房屋所在
地的契税征收机关办理纳税申请，并在契税征收机关核定的期限
内缴纳契税。契税征收机关核定的纳税期限不得超过 20 日。"该
规章虽然明确了纳税人应在征收机关核定的期限内缴纳税款，但
并未规定超过纳税义务发生之日的 10 日纳税人未申报的法律责任。
因此孙某某在申报契税时，税务机关核定税款并同时征收滞纳金
的行为，违反了当地的地方政府规章。

上述案例中，无论是周某某还是孙某某，在其签订购房合同
的当天，契税纳税义务均已发生，但由于执法依据存在细节上的
差异，两个案例的结果大相径庭，周某某一审败诉，同时其二审
撤诉；而孙某某一案则在税务机关退还滞纳金后双方达成和解。
由此不难看出，即使在统一的税法制度之下，由于细节规定不明，
各地的办法和税务机关的执法尺度仍存在不统一之处。特别值得
一提的是，2013 年 12 月《河南省地方税务局关于调整契税纳税期
限的公告》出台，规定自 2014 年 1 月 1 日起，契税纳税期限调整
为纳税人依法向土地管理部门、房产管理部门办理有关土地、房
屋的权属变更登记手续之日前。同时，根据该规定，2013 年 12 月
31 日之前发生的契税纳税义务行为，应仍按原规定执行。由于，
周某某的契税纳税义务发生在 2013 年 12 月 31 日之前，因此不适
用该公告，这从另一个侧面也反映了契税的征收管理正在向减轻
纳税人负担、提高税收管理效率的方向发展。

《中华人民共和国契税法》虽然并未对纳税义务发生时间做出
修改，但放宽了纳税人申报纳税期限的相关政策，"纳税人应当在

依法办理土地、房屋权属登记手续前申报缴纳契税",只要纳税人在办理登记前申报纳税,就不存在滞纳金相关问题。

41 借名买房的契税问题

张某某与范某某、陆某某签订"借名买房"协议,约定张某某以范某某和陆某某的名义购买房产,张某某直接出资,事后由范某某与陆某某将房产过户登记给张某某。张某某完成出资后,房产一经售出,便登记在了范某某和陆某某名下,但二人事后并未如约将房产过户登记给张某某。张某某催告后,房产名义所有人范某某和陆某某仍不履行义务,遂张某某以二人为被告起诉至法院,请求确认房产归自己所有,将房屋变更登记至本人名下,法院最终判决范某某和陆某某在规定时限协助张某某进行过户变更登记。

张某某携带生效判决前往税务窗口办理不动产变更登记涉税事项,提交了其与范某某共同签署的《房产交易申报》,文件上权属转移方式被写为"买卖"。张某某还在《存量房交易计税价格核定明细单(确认书)》上签字确认过房屋计税价格,当日缴纳了契税,但他对该征税行为仍持有异议。张某某认为,已生效判决书是对其借名买房交易实质的确认,本案没有发生不动产转移交易，税务机关存在重复征税之嫌。张某某申请复议，后提起行政诉讼，请求撤销征税行为及相关复议决定。

《中华人民共和国契税法》第一条规定，在中华人民共和国境内转移土地、房屋权属，承受的单位和个人为契税的纳税人，应当依照本法规定缴纳契税。房屋权属的转移形式不限于买卖，根据法律规定，包括房屋买卖、赠与、互换多种形式。个人通过买卖、赠与、互换等方式取得房屋权属，即个人为契税的纳税人。

在契税法律制度实践过程中，也规定了其他情形下的纳税申报问题。《国家税务总局关于契税纳税申报有关问题的公告》（国家税务总局公告 2015 年第 67 号）规定："根据人民法院、仲裁委员会的生效法律文书发生土地、房屋权属转移，纳税人不能取得销售不动产发票的，可持人民法院执行裁定书原件及相关材料办理契税纳税申报，税务机关应予受理。"

本案中，想判断张某某是否应缴纳契税，核心在于张某某是否属于承受房屋权属的个人。

首先，本案发生了房屋权属的转移登记。根据生效的人民法院裁判文书，范某某和陆某某负有协助张某某办理房屋所有权转移登记的义务，该法律行为的后果是房屋的所有权人发生了变更，符合法律关于契税征税范围的规定，税务机关征收契税有法律依据。

其次，纳税人在申请时，需完整且真实地陈述有关课税的重要事实，并承担协助义务。本案中张某某的转移登记行为被确认为买卖，目前个人免征契税仅包括婚姻关系存续期间夫妻之间变更土地、房屋权属和法定继承人通过继承承受土地、房屋权属等情形，张某某承受房屋权属不具有税法上的免税事由。

再次，对于本案中是否存在重复征税的情形，根据张某某与范某某、陆某某的约定，张某某应为该房屋的实际权利人，而范某某、陆某某为法律上的所有权人。范某某、陆某某在取得该房屋法律上的权属时，已然根据税法规定，就承受权属缴纳了契税。后根据判决，张某某通过再次登记完成对房屋形式上的所有权。根据税收法定原则，税务机关应依据先后两次经济交易的外观形式进行交易性质的判断，当不存在借用法律形式以避税为目的进行交易的情况时，税务机关的征税行为应严格限于法律形式，特别是不能在征税程序中对"借名买房"的民事法律关系实质作出判断。

最后，借名买房不仅在民事法律关系上存在风险，同时有重复缴纳契税的风险。借名者往往在第一次登记时就负担了契税税款；当其通过民事诉讼赢得了判决后，还面临着第二次变更登记时会再次缴纳契税的风险。

42 契税的计税依据如何计算

2013 年 5 月，李某某因其公司经营资金周转需要，向毛某某借款 300 万元，约定借款期限 1 年，借款利率为 12%/ 年，到期一次性还本付息。借款到期时，李某某未按期还款，毛某某经多次催要无果，于 2015 年 2 月诉至法院。

2015 年 4 月，双方在庭审过程中达成调解协议，调解协议内容为：

（1）李某某自愿用其爱人王某某名下的房产，以 236 万元的价格抵顶给毛某某，毛某某同意接受该房屋；

（2）自本协议签订之日起 30 日内李某某腾空房屋，并将房屋交付给毛某某，房屋过户产生的费用由毛某某承担；

（3）自本协议签订之日起 3 日内，李某某向毛某某一次性支付 28 万元，剩余 72 万元于下个月起，每月 5 日偿还毛某某 6 万元。

人民法院根据上述调解协议制作了《民事调解书》。

《民事调解书》生效后，李某某如约将房屋腾空，交付时李某某告知毛某某，不要马上过户，不久他将有笔应收款到账，到账后会尽快把钱还给毛某某，把房子赎回来，毛某某表示同意。之后一年多的时间，李某某不但没有将拟赎回房屋的款项支付给毛某某，且《民事调解书》中的还款计划其也未能完全履行。

2017 年 2 月，毛某某向人民法院申请强制执行《民事调解书》，2017 年 4 月，毛某某带着《执行裁定书》及相关材料办理契税纳税申报并办理产权过户登记手续。

首先，关于契税的申报材料。在因以房抵债等非正常房屋交易而发生的房屋产权转移中，承受方不能取得不动产销售发票，那么其是否可以办理契税申报？《国家税务总局关于契税纳税申报有关问题的公告》（国家税务总局公告 2015 年第 67 号）、《中华人民共和国契税法》和《国家税务总局关于契税纳税服务与征收管理若干事项的公告》（国家税务总局公告 2021 年第 25 号），对相关问题予以明确，因人民法院、仲裁委员会的生效法律文书或者监察机关出具的监察文书等因素发生土地、房屋权属转移的，应提交生效法律文书或监察文书等。

其次，关于契税的计税依据。本案中，根据《民事调解书》，该房产以房抵债的金额为 236 万元，时隔两年该房产也有所升值，那么究竟应以何金额作为计税价格呢？以房屋抵债本质上相当于房屋的买卖，应以成交价格作为计税依据。成交价格包括承受者应交付的货币、实物、无形资产或其他经济利益对应的价款。本案中毛某某虽然在以房抵债协议已签署两年后才过户，缴纳契税也应以抵债价格作为计税依据。

43 财务造假可以退税吗

案例一：甲公司成立于 2004 年，主营业务为生产温控器及高端电热水壶。2010 年，甲公司在深圳证券交易所上市。2014 年度甲公司经审计的净利润为负值，为防止公司 2015 年净利润持续为负值，公司股票被深交所特别处理，甲公司通过虚构影视版权转让业务、虚构财政补助等手段虚增了 2015 年度的收入和利润。

由于财务造假，甲公司 2018 年 5 月 10 日公司收到了中国证监会做出的《行政处罚决定书》，认定公司 2015 年度虚构了影视版权转让业务，虚增收入和利润共计 1000 万元。

证监会认定甲公司的上述行为构成《中华人民共和国证券法》（以下简称《证券法》）第一百九十三条所述的信息披露违法行为。证监会依据《证券法》第一百九十三条第一款之规定，决定对甲公司责令改正，给予警告，并对其处以 60 万元的罚款。

2019 年甲公司发布关于收到退税的公告，根据公告，甲公司已根据《企业会计准则》的要求对上述会计差错进行了更正。2019 年，甲公司收到了主管税务所退回的 250 万元企业所得税税款。

案例二：丙公司 2021 年收到某市证监局的《行政处罚及市场禁入事先告知书》，显示其子公司丁公司利用虚假合同虚增了营业收入及净利润。丙公司在 2021 年发布的公告中表示，公司已根据告知书事项并结合公司自查情况，对公司 2016 年至 2020 年的财务会计报表进行了更正。更正会计差错后，丙公司的子公司丁公司前往所在注册地税务部门，进行 2016 年至 2019 年的企业所得税更正申报，申请退回以前年度误缴的企业所得税税款。

丁公司于 2021 年 6 月收到了 2017 年及 2018 年对应的退税款，合计 1500 万余元。

甲公司和丙公司申请退税的依据都为《税收征管法》第五十一条。纳税人多缴税款的，税务机关发现后应当立即退还。如果是纳税人自行发现的，在结算缴纳税款之日起三年内，可以向税务机关要求退还多缴的税款并加算银行同期存款利息，税务机关经查实后应立即退还。

在金融证券市场蓬勃发展的今天，一些企业出现了通过财务舞弊伪造漂亮的财报以实现股价上涨目的的现象，如"某药业财务造假案""某科技公司业绩造假案"等，证监会基于规范证券市场、保护投资者权益的目的，对财务造假行为进行了行政处罚。从税法角度来看，税款退还的依据、财务造假涉及虚假计税依据应如何处罚等问题，也应被进一步明确。

第一，从形式上看，纳税人实施财务造假，税务机关根据纳税人的虚假申报对实际上不存在的应税事实予以课税的行为，确实构成纳税人多缴税款情况。前述案例缴纳税款的时间均未超过三年，因此适用《税收征管法》第五十一条，申请退税在形式上符合法律规定。

第二，从价值导向上看，虽然从形式上看，获得退税款是合法合规的，但纳税人任意虚构业务并以不实会计数据进行纳税申报的行为不符合税收法律法规精神，同时有违诚信纳税原则。

第三，从退税条款的立法目的看，退税条款旨在保障纳税人对溢缴税款的财产权。虽然该条款并未规定溢缴税款的原因，但依常人的基本认知，尤其是结合对征管法上下文的考察可以发现，溢缴税款的产生一般出于纳税人的错误申报或应税事实嗣后不存在。财务造假并不同于一般的错误申报，一方面财务造假的应税事实一开始便不存在，相关计税依据为纳税人所编造，另一方面纳税人不存在对相关事实的错误认知。

第四，能否在税收征管层面予以处罚。《税收征管法》第六十四条规定，纳税人、扣缴义务人编造虚假计税依据的，由税务机关责令限期改正，并处五万元以下的罚款。上市公司虚增收入和利润，反映了计税依据的失真，而上文该法规定了相关处罚条款。但《中华人民共和国行政处罚法》第二十九条规定，对当事人的同一个违法行为，不得给予两次以上罚款的行政处罚，因此，在证监会已对该行为进行处罚后，不能适用《税收征管法》进行处罚。

如今上市公司实施财务造假、被发现后申请退税并且获得成功的案例被广为报道，上市公司财务舞弊现象也层出不穷。当退税完全可以弥补行政处罚造成的损失时，针对财务舞弊的相关法律威慑力也会被大大削弱。

通过此类案件，我们不难看出，在《税收征管法》未修改的条件下，退税符合法律规定。但该行为并不符合税法以及证券法的立法目的，因此不应当适用"加算银行同期存款利息"一条，从甲公司的公告来看，其也不涉及利息加算问题。

展望未来，《税收征管法》应当对退税的适用条件、程序予以明确和细化，使其可以既保障纳税人合法权益，也不会为纳税人的违法成本买单。

44 十年前的偷税被查处，能否适用追征期

2021 年某市税务局稽查局对某贸易有限公司做出《税务行政处罚事项告知书》。告知书指出，该公司 2010 年 3 月将一宗土地

使用权、地上临时建筑物、构筑物和配套设施对外转让，采取签订两份合同的欺骗手段进行虚假纳税申报。一份国有建设用地使用权转让合同，约定成交价格为7100万元，中介评估价格为7700万余元，其中土地使用权为7110万余元、地上建筑物为近660万元。另一份为真实合同，由土地转让合同书及补充协议构成，约定转让总价款为1.54亿余元，实际收款为1.55亿余元，由于建筑物价格为近660万元，可推出土地使用权为近1.5亿元。

该公司按评估价格申报纳税，经税务机关核实，该公司少申报的土地使用权转让收入为7700万余元（即实际收入额近1.5亿元与申报价格7110万余元的差额），少缴营业税355万余元、城建税近28万元、教育费附加11万余元、印花税3.8万余元、土地增值税303万余元。此外，少缴的土地增值税有部分是因为税务机关错用征收率造成的，该部分税额为71万余元。

该稽查局根据《税收征管法》第六十三条第一款，认定该公司采取签订阴阳合同的欺骗手段进行虚假纳税申报，构成了偷税，拟处少缴税款0.5倍的罚款。

该案涉及税收征管中的一个重要制度——追征期。税款追征期是指税务机关对纳税人、扣缴义务人未缴或者少缴税款可以征缴入库的期限。《税收征管法》第五十二条明确规定了追征期的适用："因税务机关的责任，致使纳税人、扣缴义务人未缴或者少缴税款的，税务机关在三年内可以要求纳税人、扣缴义务人补缴税款，但是不得加收滞纳金。因纳税人、扣缴义务人计算错误等失误，未缴或者少缴税款的，税务机关在三年内可以追征税款、滞纳金；有特殊情况的，追征期可以延长到五年。对偷税、抗税、骗税的，税务机关追征其未缴或者少缴的税款、滞纳金或者所骗取的税款，不受前款规定期限的限制。"

该条将税款追征期规定了三种不同的情形：第一款规定因为税务机关的责任导致的少缴税款，追征期为三年，只征税款不征滞纳金。第二款规定因为纳税人、扣缴义务人的失误导致的少缴税款，追征期一般为三年，特殊情况下为五年，追征税款和滞纳金。其中何谓"特殊情况"，《中华人民共和国税收征收管理法实施细则》细化规定为即少缴的税款在 10 万元以上的情况。第三款规定，对偷税、抗税、骗税的，追征期没有期限限制。

此外，《国家税务总局关于未申报税款追缴期限问题的批复》（国税函〔2009〕326 号）则对纳税人不进行纳税申报，造成不缴或少缴应纳税款的情形进行了明确，追征期按照《税收征管法》第五十二条规定，一般为三年，特殊情况可以延长至五年。

本案中，纳税人的行为属于偷税行为，因此不受追征期的限制。但本案有一个特殊之处在于，纳税人在进行虚假申报时，税务机关错用了征收率，导致少征了一部分土地增值税，这看似属于税务机关的责任。根据前述法律法规和规范性文件，因为税务机关的责任导致的少缴税款追征期为三年，而该行为早已超过三年，税务机关在征收该部分税款时是否还需要征收滞纳金？

从该公司十年前的纳税申报来看，该公司虚假申报情况在先，符合《税收征管法》上偷税的构成要件，其少缴税款并非仅因税务机关适用征收率的错误所导致，而是由其虚假申报导致，应适用法规第五十二条第三款，而不适用该条的第一款。

此外，根据《中华人民共和国行政处罚法》第三十六条和《税收征管法》第八十六条规定，违反税收法律、行政法规应当给予行政处罚的行为，在五年内未被发现的，不再给予行政处罚。该公司的偷税行为由于已经超过了五年期限，则税务机关在征收滞纳金之外，不应对公司再处以行政处罚。

45 纳税人并非偷税，应如何适用追征期

案例一：2018 年 3 月，周某某向税务局举报某水泥公司原股东卢某甲于 2008 年 4 月将公司股权转让给李某某、周某某、卢某乙等时，股权转让价格偏低，有涉税违法嫌疑，请求税务局依法查处。2018 年 4 月 28 日，税务局做出《告知书》，书面告知周某某，其举报所称某水泥公司原股东卢某甲于 2008 年 4 月将个人股权转让给李某某、周某某、卢某乙未申报个人所得税的行为不属于偷税。根据《税收征管法》第五十二条以及《国家税务总局关于未申报税款追缴期限问题的批复》（国税函〔2009〕326 号）的规定，因卢某甲股权转让涉及的个人所得税已超过法定税款追征期，不予追征。周某某不服税务局做出《告知书》的行政行为，提起行政诉讼。一审、二审法院均认为，税务局认为卢某甲的行为已超过"不进行纳税申报"涉税行为的最长追征期限，不予追征存在法律依据，

故判决驳回周某某的诉讼请求。

案例二：马某某于 2013 年 4 月 16 日购买了某处房产（存量房），4 月 18 日取得了房屋所有权证书。后某市税务局第三税务所发现马某某未按规定限期办理契税的纳税申报，依据《税收征管法》第二十五条、第二十六条的规定，于 2018 年 5 月 3 日做出《税务事项通知书》，通知马某某于 2018 年 5 月 18 日前到第三税务所进行纳税申报与报送纳税材料，并改正其税务违法行为。马某某分别于 2018 年 6 月 13 日、6 月 25 日缴纳滞纳金近 6 万元及契税6.1 余万元。马某某对通知书不服，于 2018 年 6 月 28 日向税务局申请行政复议。税务局经审查，于 2018 年 8 月 16 日做出《行政复议决定》，决定维持第三税务所做出的通知书。马某某对通知书和复议决定不服，提起行政诉讼。一审判决驳回马某某诉讼请求。

上述两个案例的共同点在于，纳税人的行为并没有被法院认定为偷税。《税收征管法》关于偷税的手段规定如下：（1）伪造、变造、隐匿、擅自销毁账簿、记账凭证；（2）在账簿上多列支出或者不列、少列收入；（3）经税务机关通知申报而拒不申报；（4）进行虚假的纳税申报；同时，通过以上手段，偷税行为应当造成不缴或者少缴税款的后果。无论是卢某甲还是马某某，都仅是未进行申报。《国家税务总局关于未申报税款追缴期限问题的批复》（国税函〔2009〕326 号）规定，税务机关的征收行为应当受到追征期的限制。

但两个案例在追征期的适用问题上，情况截然相反。对于案例一，税务机关认为举报的涉税行为发生于 2008 年，已经超过法定最长的追征期限，不予追征。法院认为税务机关决定不予追征的行政行为合法。对于案例二，纳税人认为应当以办理完毕房产证之日作为起算点，至 2018 年已经超过追征期，但税务机关和法院均回避了追征期的计算问题。

虽然《国家税务总局关于未申报税款追缴期限问题的批复》（国税函〔2009〕326 号）明确规定，未申报税款不属于偷税，应当受追征期限制，但并未明确追征期的起算点。结合该批复和《税收征管法》第五十二条，未申报适用的追征期为三年或五年，可以认为未申报引起的追征期适用的法律后果趋同于"因纳税人、扣缴义务人计算错误等失误，未缴或者少缴税款的"而非"因税务机关的责任"。那么，未申报涉及的追征期适用也应当参照纳税人过错相关规定。

结合相关法律法规和规范性文件，在纳税人未申报适用追征期起算点的确定方面，追征税款行为应当自纳税人、扣缴义务人应缴未缴或少缴税款的法定缴纳期限到期的次日起开始；在追征期结束点的确定方面，对于税务机关依法核定的纳税人来说，应以税务机关《税款核定通知书》送达时间为追征期的计时终点。

两个案例结果的差异反映的是《税收征管法》相关规定的缺失，在税收法定原则下，税收征管程序法定也成为税收法定的重要内容之一，现行《税收征管法》暂未对纳税人未进行纳税申报情形下的税收追征期限做出明确规定。国家税务总局的批复虽然属于公开发布的、具有普遍约束力的、可以在一定期限内反复适用的行政规范性文件，并且其内容属于行政机关如何理解和应用法律的行政解释，但它一方面并不能作为法院审判的依据，另一方面它作为解释性质的规范性文件，规定也并不详尽。执法不一的现象也多因此而产生。

46　税款滞纳金可以超过本数吗

案例一：2006 年 11 月 29 日，某省国税稽查局向甲公司做出《税务处理决定书》，认定甲公司在 2002 年 1 月至 2003 年 7 月期间隐瞒销售收入，未申报纳税。

由于甲公司迟迟未缴纳税款和滞纳金，2012 年 11 月 29 日，该省国税局做出《税收强制执行决定书》，决定从 2012 年 11 月 29 日起，从甲公司在银行的存款账户中扣缴税款 2200 余元和滞纳金 3700 余元，合计 5900 余元。同日，征收机关向甲公司填发了税收通用缴款书。甲公司不服，遂提起行政诉讼。

该市中级人民法院在一审判决书中对于滞纳金能否超过本数进行了说明："关于税收强制执行决定是否违反《中华人民共和国行政强制法》的强制性规定的问题。《中华人民共和国行政强制法》第四十五条规定：行政机关依法做出金钱给付义务的行政决定，当事人逾期不履行的，行政机关可以依法加处罚款或者滞纳金。加处罚款或者滞纳金的标准应当告知当事人。加处罚款或者滞纳金的数额不得超出金钱给付义务的数额。该法自 2012 年 1

月 1 日起施行，该省国税局于 2012 年 11 月 29 日做出被诉税收强制执行决定应符合该法的规定。被诉税收强制执行决定从甲公司的存款账户中扣缴税款 2200 余元和滞纳金 3700 余元，加处滞纳金的数额超出了金钱给付义务的数额，明显违反上述法律的强制性规定，亦应予以撤销。"

案例二：黄某某于 2007 年 11 月 13 日与乙公司签订《商品房买卖合同》，总金额为 10 余万元。2014 年 11 月 25 日，黄某某到区地税局办理纳税事宜，区地方税务局认为其已滞纳税款达 2540 天，应按照滞纳的契税税款 3400 余元加收滞纳金 4300 余元。某市地方税务局做出行政复议决定，维持区地方税务局征收决定。黄某某提起行政诉讼，主张滞纳金不应超出税款本金。一审、二审，黄某某均败诉。2018 年 9 月 5 日省高级人民法院做出行政裁定书，驳回了黄某某的再审申请。

案例三：丙公司未缴纳 1997 年 11 月 1 日至 1997 年 11 月 30 日的税款，根据《税务事项通知书》的要求，于 2020 年 2 月 3 日缴纳税款 240 余万元及滞纳金 1400 余万元，共计 1600 余万元。丙公司于 2020 年 3 月 11 日申请行政复议，后收到县税务局维持复议的决定。

2020 年 4 月 17 日，丙公司向县人民法院提起行政诉讼，一审判决撤销了税务局关于滞纳金的相关决定，并退还多征收的滞纳金。二审法院认为滞纳金是行政机关对不按期限履行金钱给付义务而给予当事人经济制裁的制度，属行政强制执行措施，具有惩罚性，维持原判。

案例四：2020 年 5 月 25 日，某市税务局稽查局以公告形式向丁公司送达《税务处理决定书》《税务行政处罚决定书》，其中税务处理决定书中对滞纳金进行了说明，"根据《税收征管法》第三十二条、《中华人民共和国税收征收管理法实施细则》第七十五条的规定，从滞纳税款之日起按日加收万分之五的滞纳金。同时，根据《中华人民共和国行政强制法》第四十五条第二款的规定，加处罚款或者滞纳金的数额不得超出金钱给付义务的数额。"

现行税法中，有关滞纳金的规则主要体现在《税收征管法》的第三十二条和第五十二条。

该法第三十二条规定，纳税人未按照规定期限缴纳税款的，扣缴义务人未按照规定期限解缴税款的，税务机关除责令限期缴纳外，从滞纳税款之日起，按日加收滞纳税款万分之五的滞纳金。该条主要规定滞纳金的征收标准。《税收征管法》第五十二条则对不同情形下追征期和是否征收滞纳金进行了区分。

由此可见，现行税收法律明确了滞纳金的标准，对税务机关征收滞纳金的权力限制中并不包括滞纳金不得超过本数。

自2012年1月1日起施行的《中华人民共和国行政强制法》第四十五条规定，行政机关依法做出金钱给付义务的行政决定，当事人逾期不履行的，行政机关可以依法加处罚款或者滞纳金。加处罚款或者滞纳金的标准应当告知当事人。加处罚款或者滞纳金的数额不得超出金钱给付义务的数额。换言之，行政强制法针对实践中可能存在的，由于未及时通知或催告当事人履行金钱给付义务，导致滞纳金远高出本金的情况，限制了行政机关加处滞纳金的权力。

然而对于《税收征管法》上的滞纳金是否受行政强制法的限制，税收执法实践和司法审判并未形成统一的答案。

2012 年 8 月 22 日，国家税务总局纳税服务司曾就关于征收税款加收滞纳金的金额能否超过税款本金做出了答复。意见如下：税收滞纳金的加收，按照征管法执行，不适用行政强制法，不存在是否能超出税款本金的问题。若滞纳金加收数据超过本金，按征管法的规定进行加收。答复中也明确了，有关具体办理程序方面的事宜直接向主管或所在地税务机关咨询。

2014 年，财政部在人大代表关于"优化税收征管支持经济发展"建议的答复中对滞纳金问题进行了说明。答复意见将《税收征管法》中的滞纳金界定为利息，因此回避了是否受到行政强制法限制这一问题。同时也指出了在《税收征管法》的修订过程中，将会同国家税务总局等有关部门研究、厘清税收利息与滞纳金的关系，并合理确定征收比例。

2015 年，《中华人民共和国税收征收管理法修订草案（征求意见稿）》公布，其中第五十九条规定，"纳税人未按照规定期限缴纳税款的，扣缴义务人未按照规定期限解缴税款的，按日加计税收利息"。第六十七条规定，"纳税人逾期不履行税务机关依法做出征收税款决定的，自期限届满之日起，按照税款的千分之五按日加收滞纳金"。以上条款明确区分了税收利息和滞纳金，避免滞纳金问题上的法律适用的混乱。

然而《税收征管法》的修订迟迟未能完成，因此滞纳金是否超过本数在规则层面并未予以明确，出现了适用标准的不统一。

虽然各地税务机关通过"国家税务总局 12366 纳税服务平台"

等渠道进行过答复，如内蒙古、河南、黑龙江等省、自治区，均明确税收滞纳金可以超过欠缴税款的金额，理由是税收滞纳金的性质为税收征收，不属于行政强制法中的滞纳金，不适用行政强制法。也有如湖北，对该问题则回复为"目前，税务系统暂无相关文件明确规定税收滞纳金能否超过本金"。

对于税务机关而言，虽然也有司法裁判认可了征收滞纳金超过本数的行为，但基于执法风险的考量，税务机关应当严格遵守税收征管法关于追征期的规定，避免在万分之五的标准下滞纳金超出税款本数；而对于偷税行为，则可以适用行政罚款，是否有必要征收超过本数的滞纳金问题也可予以具体考量。

就纳税人而言，无论本省税务机关对滞纳金能否超过本数有无明确规定，税务行政复议和行政诉讼均是纳税人的重要救济权利，特别是在税务处理决定是经重大案件审理委员会做出时，复议管辖权提升的情形下，纳税人的权利将得到最大程度的保障。

47 税务违法的免责：首违不罚和不予追究刑事责任问题

2021 年 12 月，某市税务部门经税收大数据分析发现，网络主播黄某涉嫌偷逃税款，在相关税务机关协作配合下，依法对其开展了全面深入的税务检查。

经查，黄某在 2019 年至 2020 年期间，通过隐匿个人收入、虚构业务转换收入性质、虚假申报等方式，偷逃税款共计 6.43 亿元，其他少缴税款 0.6 亿元。在税务调查过程中，黄某能够配合并主动补缴税款 5 亿元，同时主动报告税务机关其尚未掌握的涉税违法行为。

综合考虑上述情况，该市税务局稽查局依据《个人所得税法》《税收征管法》《中华人民共和国行政处罚法》等相关法律法规的规定，按照该省税务行政处罚裁量基准，对黄某追缴税款、加收滞纳金并处罚款，共计 13.41 亿元。

《中华人民共和国行政处罚法》修订后，于 2021 年 7 月 15 日起施行。根据《中华人民共和国行政处罚法》和《税收征管法》等法律法规，国家税务总局制定了《税务行政处罚"首违不罚"事项清单》。所谓首违不罚，主要是指纳税人第一次发生违法行为且违法后果轻微并及时改正的，行政机关可以对其不予行政处罚的法律制度，公告共列举了十种行为。清单中的行为主要包括：纳税人的账号报送不完整、账簿或记账凭证的保管、纳税申报资料的报送、发票管理，扣缴义务人的账簿、资料报送和税收票证开具等，此外还包括境内机构或个人向非居民发包工程作业或劳务项目，未按照《非居民承包工程作业和提供劳务税收管理暂行办法》的规定向主管税务机关报告等有关事项。2021 年 12 月 30 日，第二批税务行政处罚"首违不罚"事项清单公布，又增加了四类行为。

而在此次公告之前，《国家税务总局关于进一步规范影视行业税收秩序有关工作的通知》（税总发〔2018〕153 号）中也明确规定，凡在 2018 年 12 月底前认真自查自纠、主动补缴税款的影视企业及从业人员，免予行政处罚，不予罚款。2021 年 12 月，多地税务局同时发布公告，要求网络主播在 2021 年 12 月 31 日前完成自查，公告中也再次明确了可依法从轻、减轻或免予行政处罚。可以认为，虽然 153 号文列举的情况并不属于清单的行为类型，在清单颁布之后，也依然可以适用免予行政处罚的规定。

从官网报道可以看到，黄某并未在 2021 年 12 月底之前完成自查自纠和主动补税，不满足适用免予行政处罚的条件。而从金额来看已经满足了《中华人民共和国刑法》第二百零一条，"纳税人采取欺骗、隐瞒手段进行虚假纳税申报或者不申报，逃避缴纳税款数额较大并且占应纳税额百分之十以上的"的要件。

根据通告，本案中，黄某首次被税务机关按偷税予以行政处罚且此前未因逃避缴纳税款受过刑事处罚，若其能在规定期限内缴清税款、滞纳金和罚款，则可据刑法第二百零一条不予追究刑事责任；若其在规定期限内未缴清税款、滞纳金和罚款，税务机关将依法将其移送公安机关处理。

48 因税收违法而被处以行政罚款，如何确定幅度

近日，某市一份《税务行政处罚事项告知书》传遍网络。告

知书载明，纳税人某物贸公司于 2016 年向某公司销售机器设备，收到 570 万元的销售款项，当年未申报纳税，2017 年年底对部分销售收入进行了申报，届时尚有 431 万元未开具发票且未进行纳税申报。此外，基于前述违法行为，该物贸公司 2016 年度还少缴了增值税、城市维护建设税、教育费附加、地方教育附加、企业所得税。

在告知书中，税务机关拟决定对少缴的增值税税款、城市维护建设税税款、企业所得税税款各处 40% 的罚款。

《税收征管法》第六十三条规定，纳税人伪造、变造、隐匿、擅自销毁账簿、记账凭证，在账簿上多列支出或者不列、少列收入，或者经税务机关通知申报而拒不申报或者进行虚假的纳税申报，不缴或者少缴应纳税款的，是偷税。对纳税人偷税的，由税务机关追缴其不缴或者少缴的税款、滞纳金，并处不缴或者少缴的税款百分之五十以上五倍以下的罚款；构成犯罪的，依法追究其刑事责任。

本案中，该物贸公司于 2016 年发生销售货物的经济业务，在账簿上不列该笔收入，已经构成偷税。根据法律规定，税务机关除了追缴不缴或少缴纳的税款、滞纳金，可对其并处罚款，幅度在百分之五十到五倍之间。为何税务机关对其处以 40% 的罚款，在该告知书中不难找到答案。

该告知书显示，鉴于该公司"有主动纠正的行为"（该公司于 2017 年 12 月税务机关稽查之前，入账了价税合计 138 万元的销售收入并缴纳了相关税款），根据《中华人民共和国行政处罚法》第三十二条关于应当从轻或者减轻行政处罚的规定，该公司的行为可以认定为属于主动消除或者减轻违法行为危害后果一类。从轻意味着在百分之五十到五倍之间的幅度内，税务机关依法给予纳税人较轻的处罚；减轻则意味着税务机关可以低于前述标准，即在法定处罚的最低限以下，依法给予纳税人处罚。因此，拟对该公司处少缴各项税款 40% 的罚款，属于在法定范围内做出了处罚。

实践中，由于从轻或减轻均符合法律规定，多数情形一般都是从轻处罚，较少见到减轻处罚的情形。本案也体现了从"一刀切"到精准执法的逐步推进。

由于税务行政执法的自由裁量权的行使，在实际的税务行政执法中，即便是办理性质相同的案件，不同地方的税务机关，甚至同一税务机关的不同执法人员做出的处罚决定也各不相同。国家税务总局发布的《税务行政处罚裁量权行使规则》（国家税务总局公告 2016 年第 78 号），明确了行政处罚裁量的规则适用，其中援引了《中华人民共和国行政处罚法》第三十二条的四种情形，排除了"主动供述行政机关尚未掌握的违法行为的"这一情形。各省市也依据 78 号公告制定了实施办法。以《江苏省税务行政处罚裁量权实施办法》为例，其在 78 号公告基础上，对于减轻的幅度予以明确，"减轻处罚的，罚款金额最低不得低于减轻前应处最低罚款金额的 50%"，这为税务执法提供了更为详细的裁量基准。

热点篇

稻盛和夫：我把税金列为必要的事业经费，在公司内部一点一点积累税后利润。

49 有真实支出而无票据，购买普通发票应如何认定

2021 年 6 月 7 日，国务院发布了《国务院关于 2020 年度中央预算执行和其他财政收支的审计工作报告》，报告显示，在重大违纪违法问题方面，涉税涉票问题依然存在。7 月 14 日，国务院常务会议提出，对偷逃税款等重大违纪违法问题，要一查到底，严肃追责。

农副产品生产加工、废旧物资收购利用、大宗商品（如煤炭、钢材、电解铜、黄金）购销、建筑工程施工、医药等行业和领域的交易习惯或业务模式有一定特殊性。因此很多行业内企业虽然有真实业务发生，但无法取得合规票据入账、冲抵成本或结算款项，从而存在通过不合法的方式购买普通发票的现象，这些行为是否涉嫌虚开发票犯罪是实务中的热点。

虚开发票罪，是 2011 年 2 月 25 日第十一届全国人民代表大会常务委员会第十九次会议通过的《中华人民共和国刑法修正案（八）》（以下简称《刑法修正案（八）》）新增加的罪名。《中华人民共和国刑法》第二百零五条之一规定："虚开本法第二百零五条规定以外的其他发票，情节严重的，处二年以下有期徒刑、拘役或者管制，并处罚金；情节特别严重的，处二年以上七年以下有期徒刑，并处罚金。单位犯前款罪的，对单位判处罚金，并对其直接负责的主管人员和其他直接责任人员，依照前款的规定处罚。"

虚开发票罪的立法目的

全国人大常委会法制工作委员会组织（以下简称"全国人大法工委"）编写的《刑法修正案（八）》释义中，曾明确指出，行为人实施该虚开发票行为的目的是为了"获取非法利益"。由此可见，虚开发票罪的立法目的，是为了打击通过虚开发票牟取"非法利益"的违法行为。另外，释义中载明："就假发票本身来说，尽管大多使用的是伪造的发票，但也有利用真发票伪造虚假交易信息虚开的；就使用假发票的目的看，使用假发票可能涉及多种犯罪。如使用假发票套取资金归个人非法占有，依主体不同，可以构成贪污罪、职务侵占罪；以使用假发票的目的不同，还可以构成逃税罪、骗取出口退税罪、走私罪或者私分国有资产罪等。使用假发票的目的不同，罪名不同，刑罚也有很大差别。"

通过犯罪行为牟取非法利益，是所有经济类犯罪的共同特征。全国人大法工委的释义说明，虚开发票罪的行为人应具有通过虚开行为"获取非法利益"的主观目的。不仅如此，为了区分虚开发票犯罪与其他犯罪，在认定行为人构成的犯罪罪名时，还应具体查明行为人虚开和使用虚开发票的具体"目的"。

虚开发票罪的实务案例

笔者通过公开渠道查询，并用"虚开发票罪"作为关键字进行检索，得到了来自 2012 年至 2020 年的共计 3287 个"虚开发票罪"的刑事判决书。通过对这些判决文书进行分析，可以得出如下结论：在虚开发票被定罪处刑的案件中，有 80% 以上为无真实业务发生，其余为让他人为自己虚开，或者为牟取非法利益，通过设立空壳公司等方式为他人虚开、介绍帮助虚开等情形。受票公司为财务入账让他人为自己虚开被定罪的情形比较少，该类判决集中在 2015 年。2015 年最高人民法院研究室发布了法研〔2015〕58 号①，在该复函发布后，鲜有企业因真实支出无合规票据而购买普通发票被定为"虚开发票罪"。

2021 年 1 月 8 日，国家税务总局召开了全国税务工作会议，披露了以下数据，"2018 年以来，四部委（国家税务总局、公安部、海关总署、中国人民银行）联合开展打虚打骗专项行动，累计查处涉嫌虚开骗税企业 32.23 万户，挽回损失 850.15 亿元，抓捕犯罪分子 21 532 人，4312 名犯罪嫌疑人主动投案自首"。

综上，我们大致可以认为，有真实业务存在、不具有骗取国家税款的目的，且客观上并没有造成国家税款损失的行为，不应被以虚开发票罪定罪量刑。

50 股权代持关系下实际出资人的税务问题

股权代持，也称隐名持股，通常是指实际出资人（即隐名股东）

---

① 该复函明确提出："行为人利用他人的名义从事经营活动，并以他人名义开具增值税专用发票的，即便行为人与该他人之间不存在挂靠关系，但如行为人进行了实际的经营活动，主观上并无骗取抵扣税款的故意，客观上也未造成国家增值税税款损失的，不宜认定为刑法第二百零五条规定的'虚开增值税专用发票'；符合逃税罪等其他犯罪构成条件的，可以其他犯罪论处。"

与名义股东（即显名股东）以协议约定，由名义股东行股东之名，隐名股东享股东之实，出资义务、股东权利都归实际出资人所有。

关于股权代持协议的合法性

《最高人民法院关于适用〈中华人民共和国公司法〉若干问题的规定（三）》（2020 修正）第二十四条规定，有限责任公司的实际出资人与名义出资人订立合同，约定由实际出资人出资并享有投资权益，以名义出资人为名义股东，实际出资人与名义股东对该合同效力发生争议的，如无法律规定的无效情形，人民法院应当认定该合同有效。该协议若不存在其他无效情形的，则具有法律效力，从民法的角度，是认可隐名股东存在的，且法律保护隐名股东实际出资应享有的权利。

关于隐名股东主张股东身份的权利

根据司法解释，实际出资人未经公司其他股东半数以上同意，请求公司变更股东、签发出资证明书、记载于股东名册、记载于公司章程并办理公司登记机关登记的，人民法院不予支持。换言之，隐名股东主张股东身份（显名）需经其他股东过半数同意。由此可见，司法解释对代持协议效力的认定，其具体规范的是代持当事人内部的民事法律关系，这一认定不属于对公司法律制度中关于股东出资规定的调整或变化。

股权代持协议下的纳税义务人

根据《中华人民共和国税收征收管理法实施细则》第三条第二款规定，纳税人应当依照税收法律、行政法规的规定履行纳税义务；其签订的合同、协议等与税收法律、行政法规相抵触的，一律无效。因此即便股权代持协议约定了显名股东纳税义务都由隐名股东承担，显名股东作为登记在股东名册上的股东，在转让股权和取得投资收益时，根据《个人所得税法》《企业所得税法》的规定，也均应依法履行纳税义务。

如果是自然人股东取得分红或者转让代持股权，应根据《个人所得税法》，按照利息、股息、红利所得以及财产转让所得缴纳个人所得税，具体适用 20% 的比例税率。

如果是法人股东取得分红或者转让代持股权，适用《企业所得税法》。符合条件的居民企业之间的股息、红利等权益性投资收益，为免税收入，但是股权转让的收入应当申报缴纳企业所得税。

隐名股东的税务问题

隐名股东的税务问题，大致可分为以下三种情况。

当隐名股东为自然人时。显名股东将取得的税后股息红利所得、股权转让所得，转付给隐名股东（自然人）的行为，根据《个人所得税法》对于所得的列举，这一行为不在九项所得之列，无须缴纳个人所得税。此外，对于因股权分置改革造成原由个人出资而由企业代持有的限售股的情况，可参考《国家税务总局关于企业转让上市公司限售股有关所得税问题的公告》（国家税务总

局公告 2011 年第 39 号），公告指出，企业转让限售股取得的收入
完成纳税义务后，收入余额在转付给实际所有人时不再纳税。

当隐名股东为企业时。根据《企业所得税法》，企业的收入除
了货币形式，还包含非货币形式。虽然法律列举了企业的诸多收
入形式，但也以其他收入兜底。同时，其基于代持协议从显名股
东处取得的所得，不属于法定的不征税收入和免税收入，应当依
法缴纳企业所得税。

当隐名股东为居民企业时。从显名股东处取得被投资企业的
股息红利，能否适用"符合条件的居民企业之间的股息、红利等
权益性投资收益为免税收入"的税收优惠政策？对此一问，《国家
税务总局 厦门市税务局关于市十三届政协四次会议第 1112 号提案
办理情况答复的函》（厦税函〔2020〕125 号）明确回应道，不可
享受。理由如下：首先，隐名股东（企业）和显名股东（企业）之
间并未构成股权投资关系，隐名股东（企业）从显名股东（企业）
取得的收入不符合股息、红利所得的定义；其次，税法未规定可以
"穿透"作为隐名股东（企业）取得的权益性投资收益对其免税。

综上所述，当隐名股东为企业时，可能存在双重税负。

51 网络主播的个人所得税问题

据媒体报道，两位头部网络主播的直播间在 2021 年"双 11"

第一天预售的业绩分别为 106.53 亿元和 82.52 亿元，二人一天的带货金额，超过了 4000 家以上的 A 股上市公司的全年营收。通过网络检索，发现两位主播在上海市崇明区注册了多家个人独资企业。

个人独资企业在所得税层面，并不缴纳企业所得税，只需要缴纳个人所得税。根据《个人所得税法》及相关法律法规，个人独资企业以投资者为纳税义务人，每一纳税年度的收入总额减除成本、费用以及损失后的余额，作为投资者个人的生产经营所得，适用 5% ~ 35% 的 5 级超额累进税率。《财政部 国家税务总局关于印发〈关于个人独资企业和合伙企业投资者征收个人所得税的法规〉的通知》（财税〔2000〕91 号，以下简称"91 号文"）一文，明确了实行核定应税所得率征收方式的，应纳所得税额的计算公式为：

应纳所得税额 = 应纳税所得额 × 适用税率 – 速算扣除数

应纳税所得额 = 收入总额 × 应税所得率

其中娱乐业的应税所得率为 20% ~ 40%。

同时 91 号文明确，实行核定征税的投资者，不能享受个人所得税的优惠政策。

由于核定征收个人所得税方式包括定期定额征收、核定应税所得率征收、定率征收几种。因此各地对于核定征收的具体方式规定存在差别，就应税所得率而言，娱乐业的应税所得率一般不超过 20%，如大连市、深圳市为 20%，宁夏自治区为 15%。一些娱乐产业核定后的综合税率，为 1% ~ 7%，最高不超过 7%。较长的一段时期内，在国家政策的层面，缺乏对于核定征收的统一制度，给了地方政府制定税收优惠的口子，从而出现了许多政策不一的"税收洼地"。

此外，对于一些"税收洼地"，除了有核定征收优惠政策，还有不同程度的财税返还政策。在我国分税制体制下，地方用做财税返还的这部分收入只能是归属于本级财政的税收收入。以上海崇明岛为例，当地适用的是海岛优惠政策，因此上海市级财政不参与分成，用于财税返还的这部分收入在全上海各区中是最高的，这也是为什么崇明岛可以吸引如此多的个人独资企业注册的重要原因之一。

除了个人独资企业，个体工商户也可以利用个人所得税核定征收方式降低税负。一些主播会通过与平台之间以现金方式结算，或向与主播关联的企业、个人独资企业、个体工商户等进行利益输送之类的方式来逃避缴纳税款。

网络主播在个税征管上面临的多样性，反映了以下几个问题。

其一，税收优惠的治理问题。2021年9月，为贯彻落实中宣部《关于开展文娱领域综合治理工作的通知》有关要求，国家税务总局办公厅发出通知，要求进一步加强对文娱领域从业人员的税收管理。通知特别强调要切实规范文娱领域涉税优惠管理，对各类违规设置或者以变通方式实施的税收优惠，各级税务机关不得执行。一些地方陆续出台了新规，如2021年新设的个人独资企业不得享受核定征收优惠政策，但仍然无法解决诸多个人独资企业常变相逃税的现实问题。

其二，完善税收优惠资格的认定标准。商事主体与纳税主体之间虽有联系，但并非属于同一概念。商事法给予了市场主体注册登记的便利，这并不代表纳税主体也享有同等税收优惠资格。

《企业所得税法》中关于"实际管理机构所在地"的规定，虽然主要用于境外注册企业税收居民的身份判定，但这种实质性标准同样有助于认定企业是否可以享受特定的优惠政策。十九届五中全会明确将"高质量发展"作为"十四五"时期经济社会发展的重要指导思想之一。从企业经营层面理解高质量发展，应包括拥有一流竞争力、质量可靠、可以持续创新、具有品牌影响力，以及拥有先进的质量管理理念与方法等指标。对于享受税收优惠政策的主体引入实质性活动的评价机制，在一定程度上有助于缓解由于注册型企业泛滥而导致的"税收洼地"困境。同时，也有助于从根源上保障税收优惠的政策目标能够实现。

其三，税法，特别是个人所得税法。在综合所得与分类所得相结合的税制背景下，个人也有了以多种形式合同逃避缴纳税款的空间。随着税收大数据分析技术的发展，此类空间正日益缩小。近日，某市税务局通过税收大数据分析，发现两名网络主播通过在各地设立个人独资企业、虚构业务，将其取得的工资薪金所得和劳务报酬所得转变为个人独资企业的经营所得，税务局已依法对其追缴税款、加收滞纳金并处以罚款。

52 网络直播等新业态的税收治理

近日，某市税务局稽查局对两名网络主播涉嫌偷逃税款问题进行了查处，二人通过在不同省市设立多家个人独资企业、虚构业务，将个人工资薪金和劳务报酬所得转换为个人独资企业的经营所得，分别偷逃个人所得税 3000 余万元和 1300 余万元。

网络主播常筛选优质、低价、满足用户需求的产品，一方面依靠产品的质量和价格来获取用户的信任，另一方面通过用户的重复购买提高对商家的议价能力，从而提升自己的利润空间。近年来，网络直播"带货"成为多样化自主就业的重要形式，也成为新业态新模式的重要代表。

然而新业态新模式的发展不能以牺牲国家税收利益和税收公平为代价，若想实现新业态的健康发展，加强当下特别是共同富裕指引下的新业态税收征管效率，需要完善国家税收法治并提升治理水平。

新业态新模式发展的基本原则

网络直播的发展，代表我国数字经济发展进入了密集创新和快速扩张的新阶段，其在拉动消费需求、发展现代服务业方面也发挥了重要作用。

2020 年 7 月，国家发改委等 13 个部门联合发布《关于支持新业态新模式健康发展 激活消费市场带动扩大就业的意见》（发改高技〔2020〕1157 号，以下简称《意见》），提出对新个体经济予以创新支持的政策。《意见》指出"鼓励发展新个体经济，开辟消费和就业新空间"，同时进一步明确将"支持微商电商、网络直播等多样化的自主就业、分时就业"作为积极培育新个体、支持自主就业的重要手段。

在这样的背景下，以网络直播为代表的新业态行业的税收征管，必须在发挥其对消费和就业的积极作用的基础上，通过依法征税，实现共同富裕框架下税收应当发挥的调节功能。

个人所得税制对新业态经营模式的影响

实践中，网络主播可能采取多种经营模式，比如：成立工作室，通过直播平台进行直播；与经纪公司签署合约，通过直播平台进行直播；直接与直播平台签署合约或作为平台的员工进行直播等。税负是网络主播选择经营模式的重要考量因素之一。

以个人所得税为例，在我国综合所得与分类所得相结合的税制模式下，所得性质的不同将直接影响适用的税率。

在前述经营模式中，除工作室外的其他几类模式，主播从平台或经纪公司取得的收入均应认定为工资、薪金所得或劳务报酬所得，作为综合所得合并计税，适用七级超额累进税率，最高边际税率为 45%。而全年综合所得应纳税所得额超过 960 000 的部分将适用 45% 的税率，所得越高，平均税率越趋近于 45%。

主播通过工作室签订合同承接直播业务作为经营所得，在五级超额累进税率下最高边际税率为 35%，即全年应纳税所得额超过 500 000 元的部分将适用 35% 的税率。但由于个人所得税核定征收制度的存在，个人所得税实际税负大大降低，因此工作室或个人独资企业也是网络主播最常见的经营模式。

从报道中不难得知，两名网络主播正是利用了经营所得核定征收的税收政策，实现了税负的大幅度减轻。虽然设立个人独资企业的安排在商业上具有合法性，却违反了税收法律，其原因在于两名主播利用不同类型所得的征税差别虚构业务，将工薪所得、劳务报酬所得转换为经营所得。

如何区分经营所得与工薪所得、劳务报酬所得

《个人所得税法》规定，取得工薪所得的前提是任职或者受雇，通常个人提供的劳动不具有独立性，劳动的提供需通过任职或受雇企业来进行或约束。至于劳务报酬所得，提供劳务的个人与企业之间往往不存在雇佣关系。经营所得包括个体工商户从事生产、经营活动取得的所得，以及投资人、个人合伙人来源于个人独资企业和合伙企业生产经营的所得等。经营所得条款中的"个人依法从事办学、医疗、咨询以及其他有偿服务活动取得的所得"中列举的"办学、医疗、咨询"和劳务报酬所得条款中列举的"讲学、医疗、咨询"存在重合。换言之，现行税法对两者没有提供有效的辨别规则。

因此，网络主播如果只是个人通过平台从事录音、录像、演出、表演、广告等劳务，取得的收入应属于劳务报酬所得。无论是工资薪金所得还是劳务报酬所得，支付人均应预扣预缴个人所得税，在年度终了时并入综合所得计税。但主播若登记成为个体工商户或注册成立个人独资企业，取得的所得是否应属于经营所得，而非工资薪金、劳务报酬所得，目前在规则层面是不明晰的。

对于网络主播一类灵活用工人员的收入如何定性，2020 年 10 月 19 日，国家税务总局在《对十三届全国人大三次会议第 8765 号建议的答复》中明确指出，灵活用工人员取得的收入是否作为经营所得计税，要根据纳税人在平台提供劳务或从事经营的经济

实质进行判定。该答复虽没有明确界定何谓经营所得，但以教培行业的兼职教师为例，线下线上的授课属于同一性质的劳动，不宜被区别对待，否则不符合税收公平原则。即便是不同类型的所得，在性质上存在区别，税收的负担也应因所得差异而存在显著区别，即税收的征管应考虑不同主体间的税负合理性。

2021 年 9 月 18 日，为贯彻落实中宣部《关于开展文娱领域综合治理工作的通知》的要求，国家税务总局办公厅发出通知，要求进一步加强对文娱领域从业人员的税收管理。其中规定了，若通过工作室签约的模式，网络主播从平台取得的收入应为"经营所得"，同时也强调了应重点关注机构资金与个人资金混同的情况。

由此可见，与经营所得相比，工资薪金所得或劳务报酬所得具有更强的人身属性，应当以人身属性作为区分不同所得类型的关键。网络主播取得的收入更多与其人身属性相关，具有不可替代性，即便是同质同量的工作，也不可能带来相同的收入。基于特定人身属性带来的收入，不应当因为组织形式的选择和差异而产生税负的不同。因此在认定为经营所得时，也应当考虑人身属性，而非仅考虑财产属性。

53 网络游戏道具等虚拟财产转让的税务问题

随着电子竞技和网络游戏的发展和普及，个人通过网络游戏或电子竞技在网络平台中不断累积虚拟装备或道具，而这些虚拟装备或道具也因为存在众多拥趸而拥有广泛的市场。个人通过转让自己的虚拟装备或道具可以获取一定的收入，转让的对象可以是个人，也可以是企业。个人转让方存在增值税、所得税如何缴纳等税务问题，企业受让方则存在这笔受让支出应如何进行税务处理的问题。

首先，转让虚拟财产主要涉及增值税、所得税两个税种。增值税方面，《财政部 国家税务总局关于全面推开营业税改征增值税试点的通知》（财税〔2016〕36号）规定，在中华人民共和国境内（以下称境内）销售服务、无形资产或者不动产（以下称应税行为）的单位和个人，为增值税纳税人，应当缴纳增值税。网络游戏虚拟装备或道具属于无形资产中的其他权益性无形资产。所得税方面，从《中华人民共和国民法总则》到《中华人民共和国民法典》，都已将网络虚拟财产纳入法律保护范畴，虚拟财产的法律地位正式得到认可。转让虚拟装备或道具在性质上属于财产转让所得，个人转让方作为纳税人应当就所得缴纳个人所得税。

其次，是否存在相关的免税政策。个人销售无形资产，如属于小额零星经营业务，可以通过该业务的销售额是否超过增值税起征点或销售次数等标准，判断个人是否需缴纳增值税。许多人不清楚虚拟装备或道具是否归属于"个人自己使用过的物品"，可否享受免税政策。由于虚拟装备或道具属于无形资产，并不属于物品，因此不适用该免征规定。

再次，计税依据的计算。就所得税而言，财产转让所得在计税依据的计算上需要以财产原值为基础。就个人转让方而言，如果转让的虚拟装备或道具是其从他人处购入的，那么原值的计算则较为简单，但如果该虚拟装备或道具是其本人通过自身花在游戏或电子竞技中的时间、精力换得的，则不存在原值，需要税务机关予以核定。

最后，就游戏装备的企业购买方而言，《国家税务总局关于发布〈企业所得税税前扣除凭证管理办法〉的公告》（国家税务总局公告 2018 年第 28 号）规定，如转让方为从事小额零星经营业务的个人，其支出可以税务机关代开的发票或者收款凭证及内部凭证作为税前扣除凭证，收款凭证应载明收款单位名称、个人姓名及身份证号、支出项目、收款金额等相关信息。

除了常见的游戏装备，虚拟财产还可能包括微信公众号。虚拟财产的转让一方面需要明确纳税的义务，另一方面也应当对来自网络的各类支付的性质归属和其各自应否缴税有一个清晰的认知，以免违反相关税收法规。

54 个人的这些收入不征个人所得税

根据《个人所得税法》及其实施条例，工资、薪金所得，是指个人因任职或者受雇取得的工资、薪金、奖金、年终加薪、劳动分红、津贴、补贴以及与任职或者受雇有关的其他所得。与受雇有关的其他收入主要涉及以下几个征税问题。

（1）差旅费津贴、误餐补助若在标准以内，不应征税

《国家税务总局关于修订〈征收个人所得税若干问题的规定〉的公告》（国税发〔1994〕089号）的第二条规定：不属于工资、薪金性质的补贴、津贴或者不属于纳税人本人工资、薪金所得项目的收入，不征个人所得税。其中包括差旅费津贴、误餐补助。

《财政部 国家税务总局关于误餐补助范围确定问题的通知关于误餐补助范围确定问题的通知》（财税字〔1995〕82号）规定，不征税的误餐补助，是指按财政部门规定，个人因公在城区、郊区工作，不能在工作单位或返回就餐，确实需要在外就餐的，根据实际就餐顿数，按规定的标准领取的误餐费。一些单位以误餐补助名义发给职工的补贴、津贴，应当并入工资、薪金所得计征个人所得税。

国家税务总局所得税司曾在线答复了关于交通费、餐费补贴的个税问题。其在答复中，明确了单位以现金方式给出差人员发放交通费、餐费补贴，应征收个人所得税，但如果单位是根据国家有关标准，凭出差人员实际发生的交通费、餐费发票作为公司费用予以报销的情况，可以不作为个人所得征收个人所得税。

实践中，关于餐费补贴或伙食补助则适用标准内包干的方法。2013年《财政部关于印发〈中央和国家机关差旅费管理办法〉的通知》（财行〔2013〕531号）明确了伙食补助费按出差自然（日历）天数计算，按规定标准包干使用。财政部分地区制定伙食补助费标准。而对超标准发放或报销的出差伙食费补助，则应将超标准的部分并入员工个人当月工资薪金所得项目征收个人所得税；

对出差期间个人未负担伙食费用的，应将出差伙食补助费全额并入个人当月工资薪金所得项目征收个人所得税。

换言之，出差人员的交通费应当有发票作为报销凭证，适用包干制度的伙食补助费在标准以内的无须发票，且属于不征税收入。

（2）临时性生活困难补助不应征税

《国家税务总局关于生活补助费范围确定问题的通知》（国税发〔1998〕155号）规定，生活补助费，是指由于某些特定事件或原因而给纳税人或其家庭的正常生活造成一定困难，其任职单位按国家规定从提留的福利费或者工会经费中向其支付的临时性生活困难补助。

新冠肺炎疫情以来，为保障受疫情影响就业困难群众的基本生活，部分城市出台了向就业困难人员发放疫情生活补助的政策。以厦门为例，厦门市人社局、厦门市财政局对2021年9月13日—10月31日新申领失业保险金、一次性生活补助金、失业补助金和临时生活补助的失业人员，每人发放疫情生活补助金500元。此类生活补助金即属于不征税收入。

（3）独生子女补贴、托儿补助费不应征税

《国家税务总局关于印发〈征收个人所得税若干问题的规定〉的通知》（国税发〔1994〕089号）规定，个人按规定标准取得独生子女补贴和托儿补助费，不征收个人所得税。但超过规定标准发放的部分应当并入工资薪金所得。独生子女补贴、托儿补助费具体执行标准应参考当地规定。

就独生子女补贴而言，通常情况下，独生子女家庭可以凭

《独生子女父母光荣证》，由独生子女的父母按月领取一定的奖励补贴，可领至独生子女年满 18 周岁。

而 2021 年修订的《中华人民共和国人口与计划生育法》已经不再提倡提倡一对夫妻只生育一个子女，但法律仍然明确规定，获得《独生子女父母光荣证》的夫妻，可以按照国家和省、自治区、直辖市有关规定享受独生子女父母奖励。法律法规或者规章规定给予获得《独生子女父母光荣证》的夫妻奖励的措施中由其所在单位落实的，有关单位应当执行，同时明确了计划生育家庭老年人奖励扶助政策的继续沿用。虽然前述奖励并非独生子女补贴，也应被列为不征税收入。

有关托儿补助费，1990 年之前，许多单位以报销的方式发放托儿补助费，也有地区根据一定标准发放。以北京市为例，1992 年 10 月 4 日，北京市财政局发布了《关于发放婴幼儿补贴的通知》（京财综〔1992〕1811 号），明确规定了将入托儿童家长单位报销的托儿补助费的办法，改为对婴幼儿发放补贴，并适当提高了补贴标准。

55 员工公务用车费、通信费，可以申报扣除、退还个人所得税吗

2021 年 6 月，网上多处流传公务用车费用、通信费可以申请

退个税的消息。这一问题的核心在于企业职工公务用车费用、通信费能否在个人所得税税前进行扣除。

首先，《中华人民共和国个人所得税法实施条例》规定，工资、薪金所得包括个人因任职或者受雇取得的工资、薪金、奖金、年终加薪、劳动分红、津贴、补贴以及与任职或者受雇有关的其他所得。换言之，个人取得的与任职有关的公务用车费用及通信费，从性质上来看属于工资、薪金范畴，应缴纳个人所得税。

其次，关于公务费用的具体规定。《国家税务总局关于个人所得税有关政策问题的通知》（国税发〔1999〕58号文件）第二条规定，个人因公务用车和通信制度改革而取得的公务用车、通信补贴收入，扣除一定标准的公务费用后，按照"工资、薪金"所得项目计征个人所得税。按月发放的，并入当月"工资、薪金"所得计征个人所得税；不按月发放的，分解到所属月份并与该月份"工资、薪金"所得合并后计征个人所得税。

《国家税务总局关于个人因公务用车制度改革取得补贴收入征收个人所得税问题的通知》（国税函〔2006〕245号），也明确了因公务用车制度改革而以现金、报销等形式向职工个人支付的收入，均应视为个人取得公务用车补贴收入，按照"工资、薪金所得"项目计征个人所得税。

再次，关于公务费用的扣除标准。应由各省税务局根据纳税人公务交通、通信费用的实际发生情况调查测算，报经省级人民政府批准后确定，并报国家税务总局备案。因此实践中，纳税方应按各省市当地规定的公务费用扣除标准进行扣除后，按照"工资、薪金所得"项目计算和代扣代缴个人所得税；若当地没有制定相关标准，纳税人就应将其全额纳入"工资、薪金所得"项目计算和代扣代缴个人所得税。截至目前，有二十个省市制定过相关扣除标准，如海南、天津、黑龙江、浙江等。

最后，该视频流传于个人所得税汇算清缴期间，从个人征信的角度看，如果不符合相关的扣除条件，个人在系统中填报为免税额，则将被归为不实申报，存在法律风险。

56 职工福利的个人所得税问题

实践中，逢年过节一般单位都会给员工发放福利，员工过生日的时候，也可能发放蛋糕券等作为单位福利，那么这些人人有份的福利是否要缴纳个人所得税？

第一，职工福利的来源。通常情况下，企业为职工发放的福利来自企业职工福利费或工会经费。《国家税务总局关于企业工资薪金及职工福利费扣除问题的通知》（国税函〔2009〕3号）规定，职工福利费包括内设福利部门所发生的设备、设施和人员费用，如职工食堂、职工浴室、理发室、医务所等；也包括为职工卫生保健、生活、住房、交通等所发放的各项补贴和非货币性福利，如职工防暑降温费、职工困难补贴、救济费、职工食堂经费补贴、职工交通补贴等；此外还包括按照其他规定发生的其他职工福利费，包括丧葬补助费、抚恤费、安家费、探亲假路费等。企业职工福利费的支出用途是多样的。但因上述福利的类型不同，所以取得福利的职工，在个人所得税上的义务也不尽相同。

第二，特定的福利费属于免税收入。《个人所得税法》及其实施条例规定，福利费免征个人所得税。其中的福利费，是指根据国家有关规定，从企业、事业单位、国家机关、社会组织提留的福利费或者工会经费中支付给个人的生活补助费。

1998 年 9 月 25 日，国家税务总局发布了《国家税务总局关于生活补助费范围确定问题的通知》（国税发〔1998〕155 号，以下简称"155 号文"），明确规定，生活补助费是指由于某些特定事件或原因而给纳税人本人或其家庭的正常生活造成一定困难，其任职单位按国家规定从提留的福利费或者工会经费中向其支付的临时性生活困难补助。

如单位每年为困难职工发放补贴 1000 元，并将这笔支出列为工会经费支出，职工获得的该笔补贴应予以免税。

第三，从福利费和工会经费中支付给本单位职工的"人人有份"的补贴和补助不属于免税收入，155 号文对此予以明确。155 号文同时规定了应当征收个人所得税的其他补贴范围，即从超出国家规定的比例或基数计提的福利费、工会经费中支付给个人的各种补贴、补助，以及单位为个人购买汽车、住房、电子计算机等不属于临时性生活困难补助性质的支出。

因此，无论是员工过生日发放的蛋糕券，还是逢年过节发放的购物卡，这些支出即便是从福利费或工会经费中列支，也应被并入员工的工资、薪金收入并计征个人所得税，用人单位应预扣预缴个人所得税。

第四，企业职工福利费的税前扣除。职工福利是企业对职工劳动进行补偿的辅助形式，企业应当合理控制职工福利费在职工总收入中的比重。企业所得税规定了比例扣除制度，只有不超过工资、薪金总额 14% 的部分才准予企业进行税前扣除，并且不得结转。

57 竞业限制补偿金的个人所得税问题

2020 年以来，人才流动加速。无论是用人单位还是劳动者，都在更多地通过竞业限制协议约定来保护自身的合法权益。竞业限制补偿金的个税问题也成为实务中易引起争议的问题之一。

何谓竞业限制协议和竞业限制补偿金？一般而言，用人单位和劳动者可以约定在解除或者终止劳动合同后，劳动者需履行竞业限制义务，即一定期限内不得在生产同类产品、经营同类业务或有其他竞争关系的用人单位任职，也不得自己生产与原单位有竞争关系的同类产品或经营同类业务。而用人单位需在竞业限制期限内按月给予劳动者补偿金，即竞业限制补偿金。

实践中，用人单位向离职的劳动者支付竞业限制补偿金时，无论是一次性支付还是按月支付，均涉及劳动者的个人所得税问题。作为支付人，用人单位应当履行扣缴义务。在实务中，竞业限制补偿金应被认定为何种性质的所得?

对于一次性支付的竞业限制补偿金的性质认定,从制度演进角度来看有几类不同的看法。

第一,归为"工资、薪金所得",享受政策减免税额。《国家税务总局关于个人因解除劳动合同取得经济补偿金征收个人所得税问题的通知》(国税发〔1999〕178 号)和《财政部 国家税务总局关于个人与用人单位解除劳动关系取得的一次性补偿收入征免个人所得税问题的通知》(财税〔2001〕157 号),一方面明确了一次性经济补偿收入的工资、薪金所得的性质;另一方面明确了免税额,收入在当地上年职工平均工资 3 倍数额以内的部分,免征个人所得税,两个文件的相关规定如今已经失效。但根据《中华人民共和国个人所得税法实施条例》第六条关于工资、薪金的界定,虽然竞业限制补偿金在支付时用工双方不存在劳动关系,但不能否认其与劳动关系在逻辑上的从属性。《深圳市地方税务局关于企业向个人支付竞业限制补偿金征免个人所得税问题的批复》(深地税发〔2008〕416 号)曾指出,用人单位支付的竞业限制补偿费,属于用人单位发放的经济补偿金。

第二,单独使用综合所得计税,享受政策减免税额。2018 年,《财政部 税务总局关于个人所得税法修改后有关优惠政策衔接问题的通知》(财税〔2018〕164 号)出台,修订后的个人所得税法增加了综合所得的概念,就一次性补偿收入而言,免税额的计算并未变化,发生变化的是超过的部分如何计税,其应单独适用综合所得税税率表计算纳税。

第三,归为"偶然所得"。《财政部 国家税务总局关于企业向个人支付不竞争款项征收个人所得税问题的批复》（财税〔2007〕102 号）规定，不竞争款项是指资产购买方企业与资产出售方企业自然人股东之间在资产购买交易中，通过签订保密和不竞争协议等方式，约定资产出售方企业自然人股东在交易完成后一定期限内，承诺不从事有市场竞争的相关业务，并负有相关技术资料的保密义务，资产购买方企业则在约定期限内，按一定方式向资产出售方企业自然人股东所支付的款项。该文件将其界定为偶然所得，税款由资产购买方企业在向资产出售方企业自然人股东支付不竞争款项时代扣代缴。而该条款是否能够适用于劳动者择业范围受限制的此类补偿金则存在争议。对此，有的地方税务局表示，如是因非正常失业，为弥补再次就业前的生活支出而予以的补偿，则按照解除劳动合同补偿金的相关规定处理；但如出于竞争限制性质的补偿，那么应参照财税〔2007〕102 号规定，按照偶然所得计征税款。实践中也存在为减轻税负，按"偶然所得"申报纳税的情形。

虽然有以上解释口径，但竞业限制补偿金在性质上仍与财税〔2018〕164 号文中的"用人单位发放的经济补偿金、生活补助费和其他补助费"更具有相似性，可以被认为属于"其他补助费用"，适用现行的"解除劳动关系一次性补偿金"政策。

此外，若按月支付竞业限制补偿金，用人单位则需要将其按照工资、薪金所得预扣预缴个人所得税，而劳动者需要将其并入综合所得进行汇算清缴。

58 一次性计税的年终奖的筹划问题

年终奖又称全年一次性奖金，是指行政机关、企事业单位等扣缴义务人根据其全年经济效益和对雇员全年工作业绩的综合考核情况，向雇员发放的一次性奖金。从性质上看，年终奖属于工资、薪金所得，2005 年，《国家税务总局关于调整个人取得全年一次性奖金等计算征收个人所得税方法问题的通知》（国税发〔2005〕9 号）对全年一次性奖金规定了特定的计税方法，并且纳税人在一个纳税年度内只能享受一次优惠。2018 年个人所得税法修改之后，《财政部关于个人所得税法修改后有关优惠政策衔接问题的通知》（财税〔2018〕164 号）将全年一次性奖金的税收优惠暂时沿用下来，时间截至 2021 年年底。

2021 年 12 月 29 日国务院常务会议决定延续实施部分个人所得税优惠政策。为减轻个人所得税负担，缓解中低收入群体压力，全年一次性奖金不并入当月工资所得、实施按月单独计税的政策延至 2023 年年底。

关于年终奖，如果单位在一个纳税年度多次申报年终奖，那么在 2023 年年底之前也只能选择其中一笔享受一次性计税的优惠。单位如何发放一次性计税的年终奖，将直接影响员工当年度个人所得税的最终税负状况。

在 2024 年 1 月 1 日之前，全年一次性奖金申报纳税有以下方式，第一，单独计税。即不并入当年综合所得，以全年一次性奖金收入除以 12 个月得到的数额，按照按月换算后的综合所得税率表，确定适用税率和速算扣除数，单独计算纳税。计算公式为：**应纳税额 = 全年一次性奖金收入 × 适用税率 − 速算扣除数**。第二，合并计税，即并入当年综合所得计税。

纳税人虽然有选择权，但选择计税方式时仍存在以下几种陷阱。

首先，由于单独计税的年终奖适用累进税率表，如年终奖为 36 000 元，则适用 3% 档税率，速算扣除数为零，因此应纳税额为 1080 元；如年终奖为 36 001 元，则适用 10% 档税率，速算扣除数为 210 元，因此应纳税额为 3390.1 元。因此，单位申报年终奖时，应当注意临界点，进行合理的安排。

其次，年终奖单独计税时，无论金额为多少，均应缴税，不存在免税金额。若纳税人将年终奖并入综合所得，在扣除年度费用 60 000 元、专项扣除、专项附加扣除等后，应纳税所得额小于或等于零，意味着纳税人选择年终奖合并计税在税收角度上更为优惠，纳税人应当选择合并计税而非单独计税。

最后，年终奖单独计税适用的累进税率表与综合所得并不相同，速算扣除数存在较大的差异。换言之，不同金额的年终奖和年终奖之外的综合所得，合并或单独计税将影响综合所得的年度税额。单位在发放年终奖时，应当合理分配，以避免总体税额的增加。

那么，对于以前年度由于年终奖安排不当产生的多缴税额，能否申请退税？《税收征管法》第五十一条和《中华人民共和国税收征收管理法实施细则》第七十八条规定，纳税人自结算缴纳税款之日起三年内发现多缴税款，要求退还的，税务机关应当自接到纳税人退还申请之日起 30 日内查实并办理退还手续。因此即便自 2024 年 1 月 1 日起，年终奖不再享受单独计税的优惠，但以前年度由于计算错误产生的应退税款，若符合法律规定，仍然可以申请退税。

59　个人的公益捐赠支出如何在个人所得税前扣除

2019 年，十九届四中全会提出，重视发挥第三次分配的作用，发展慈善等社会公益事业。2020 年，十九届五中全会再次提出，要发挥第三次分配的作用，发展慈善事业，改善收入和财富分配格局。2021 年 8 月 17 日，中央财经委员会第十次会议强调构建初次分配、再分配、三次分配协调配套的基础性制度安排。公益性捐赠正是属于三次分配，其以自愿为基础，同时享受国家特定的税费减免政策，因此它也在本质上属于一种政府和社会（个人与企业）对于公共事务的合作机制。

对个人的公益性捐赠，准予在个人所得税税前扣除，是税法在释放个人参与慈善的愿望和能力方面的努力。

目前，税法允许税前扣除的公益性捐赠需符合以下条件。

（1）间接捐赠：通过公益性社会组织、国家机关向教育、扶贫、济困等的捐赠；（2）直接捐赠：在新冠肺炎疫情期间，直接向承担疫情防治任务的医院捐赠物品。

如果捐赠的是非货币性资产，捐赠金额应做如下确认：捐赠股权、房产的，以股权、房产的财产原值为捐赠金额；捐赠除股权、房产以外的其他非货币性资产的，以市场价格为捐赠金额。

个人通过符合条件的公益性社会组织、国家机关捐赠的，凭其开具的捐赠票据扣除。新冠肺炎疫情期间，如果直接向承担疫情防治任务的医院捐赠，可凭医院开具的捐赠接收函办理税前扣除。

公益性捐赠税前扣除政策体现了政府和个人在公共事务领域的合作，扣除限额的设置则体现了公共事务负担在政府与个人之间进行的合理分配。一般性公益捐赠限额为 30%，只有少数公益捐赠允许全额扣除。

全额扣除的情形包括：（1）个人通过非营利性社会团体和国家机关对公益性青少年活动场所、福利性、非营利性的老年服务机构、红十字会、教育事业等的捐赠；（2）个人通过中国老龄事业发展基金会、中国医药卫生事业发展基金会、中国教育发展基金会、中华健康快车基金会、宋庆龄基金会、中国福利会等公益性社会组织的捐赠；（3）个人捐赠北京 2022 年冬奥会、冬残奥会、测试赛的资金和物资支出；（4）个人通过公益性社会组织或者政府部门、捐赠用于应对新型冠状病毒感染的肺炎疫情的现金和物品；（5）个人直接向承担疫情防治任务的医院捐赠用于应对新型冠状病毒感染的肺炎疫情的物品。

不属于全额扣除，但符合公益性捐赠的条件的其他情况，允许限额扣除。

就中国居民个人而言，在当年综合所得或经营所得应纳税所得额30%的部分或当月分类所得应纳税所得额30%的部分准予扣除；居民个人可以根据各项所得的收入、公益性捐赠支出、适用税率等情况，自行决定在综合所得、分类所得、经营所得中扣除公益捐赠支出的顺序。在当期一个所得项目扣除不完的公益捐赠支出，可以按规定在其他所得项目中继续扣除，具体如下。

（1）居民个人取得工资、薪金所得的，可以选择在预扣预缴时扣除，也可以选择在年度汇算时扣除。

（2）居民个人取得劳务报酬所得、稿酬所得、特许权使用费所得的，预扣预缴时不扣除公益捐赠支出，统一在综合所得年度汇算时扣除。

（3）居民个人选择在经营所得中扣除公益捐赠支出的，可以选择在预缴税款时扣除，也可以选择在年度汇算时扣除。

（4）居民个人发生的公益捐赠支出，可在捐赠当月取得的分类所得中扣除。

（5）居民个人取得全年一次性奖金、股权激励等所得，并且按规定采取不并入综合所得而单独计税方式处理的，公益捐赠支出扣除比照分类所得的扣除规定处理。

就非居民个人而言，当月应纳税所得额30%的部分准予扣除，扣除不完的可以在经营所得中继续扣除。

60 实习生如何缴纳个人所得税

由于就业市场的压力，许多学生在校期间就参加实习，通常情况下实习单位会支付实习期间的报酬。那么实习报酬是否应当缴税，以及以何项目缴税，则是实习单位必须解决的问题。

首先，关于实习生与实习单位是否有必要签订劳动合同。《关于贯彻执行〈中华人民共和国劳动法〉若干问题的意见》第十二条规定："在校生利用业余时间勤工助学，不视为就业，未建立劳动关系，可以不签订劳动合同。"但从企业合规的角度来看，即便未签订劳动合同，也应当保存与实习生报酬支付相关的资料，如实习生名册（必须注明实习生身份证号）、实习生报酬银行转账凭证、为实习生支付意外伤害保险费的缴付凭证等。

其次，是否应当缴纳增值税和个人所得税。《财政部 国家税务总局关于全面推开营改增试点通知》（财税〔2016〕36 号）的附件 3 规定，学生勤工俭学提供的服务免征增值税。但在个人所得税方面并无此类免税规定，因此应当根据实习报酬的性质按照相应的应税项目缴纳个人所得税。

再次，实习单位作为支付实习报酬的支付人，负有法定的代扣代缴义务。在双方签订劳动合同的情况下，应当按照工资、薪金所得申报扣缴。如双方未签订劳动合同，用人单位可按劳务报酬所得申报扣缴。

最后，按照劳务报酬所得如何申报扣缴。2020 年国家税务总局发布了《国家税务总局关于完善调整部分纳税人个人所得税预扣预缴方法的公告》（国家税务总局公告 2020 年第 13 号），明确了"正在接受全日制学历教育的学生因实习取得劳务报酬所得的，扣缴义务人预扣预缴个人所得税时，可按照《国家税务总局关于发布〈个人所得税扣缴申报管理办法（试行）〉的公告》（2018 年第 61 号）规定的累计预扣法计算并预扣预缴税款"。

所谓累计预扣法，即扣缴义务人在一个纳税年度内预扣预缴税款时，以纳税人在本单位截至当前月份工资、薪金所得累计收入减除累计免税收入、累计减除费用、累计专项扣除、累计专项附加扣除和累计依法确定的其他扣除后的余额为累计预扣预缴应纳税所得额，适用个人所得税预扣率表一，计算累计应预扣预缴税额，再减除累计减免税额和累计已预扣预缴税额，其余额为本期应预扣预缴税额。余额为负值时，暂不退税。纳税年度终了后余额仍为负值时，由纳税人通过办理综合所得年度汇算清缴，税款多退少补。

换言之，即便当月实习生劳务报酬所得超过 800 元，也无须采用劳务报酬所得的预扣率而可采用工资、薪金的累计预扣法。其最终税负不存在差异，同时也实现了减税政策对个人的利好，对纳税人而言无须通过次年的汇算清缴进行退税。

61 如何办理个人所得税完税证明

个人所得税完税证明是个人收入和信用情况的重要证明材料，人们对其需求越来越大。中国公民在申请出国留学时要提供完税证明，在一些劳动纠纷中，个人完税证明可以作为确定当事人人身伤害赔偿或误工补偿金额的重要依据。此外，完税证明对于个人的贷款、购房等也发挥重要的证明作用。

国家税务总局《税收票证管理办法》（国家税务总局令第28号）第十七条规定，个人完税证明是税务机关为证明纳税人已经缴纳税款或者已经退还纳税人税款而开具的纸质税收票证。《国家税务总局关于明确〈税收完税证明〉（文书式）开具管理有关事项的通知》（税总函〔2018〕628号）规定，自2019年1月1日起，《税收完税证明》不再作为税收票证管理。

随着2019年个人所得税实现了从分类税制向综合与分类相结合税制的转变，个人所得税的征收将由过去以扣缴义务人代扣代缴为主，转为扣缴义务人代扣代缴和自然人纳税人自行申报相结合。为适应个人所得税制度改革需要，国家税务总局将个人所得税《税收完税证明》（文书式）调整为《纳税记录》，即今后纳税过程为开具个人所得税《纳税记录》，不再开具《税收完税证明》。

《国家税务总局关于将个人所得税〈税收完税证明〉（文书式）调整为〈纳税记录〉有关事项的公告》（国家税务总局公告2018

年第 55 号）规定，纳税人 2019 年 1 月 1 日以后取得应税所得，并由扣缴义务人向税务机关办理了全员全额扣缴申报，或根据税法规定自行向税务机关办理纳税申报的，不论是否实际缴纳税款，均可以申请开具《纳税记录》。换言之，指纳税人取得了应税收入但未达到起征点而没有实际缴纳税款的情形，即零纳税，在这种情形下也可以开具《纳税记录》。

纳税人可以通过电子税务局、手机 App 申请开具本人的个人所得税《纳税记录》，也可到办税服务厅申请开具，还可以委托他人持相关证件和资料到办税服务厅代为开具。

62 违法所得是否征税

某商贸公司主营业务是煤炭购销，税务机关在对其 2015 年纳税情况进行检查时发现，该公司当年发生的煤炭购销业务很少，却存在大量的对外借款，并取得了大量利息收入。该企业没有金融营业资格，可以说，取得的利息收入属于违法收入。那么，税务机关应否对其违法所得征税？

是否应该对违法所得征税，是前几年的热议话题。虽然最近话题的热度下降，但实践中的问题却是不能回避的。一种观点是，税务机关不是判断其经营是否合法的法定机关，但只要从事税法规定的经营行为，税务机关就应该对其征税；另一种观点是，税务机关如果对其征税，相当于承认了其经营行为的合法性。主张税务机关不应征税，而应由主管行政机关没收其违法所得。违法者终究不能保留其违法所得，并不违反量能课税原则。

该问题之所以成为存在争议的热点问题，是因为税法没有进行明确规定，导致了"公说公有理，婆说婆有理"。这种两难问题的解决依据是量能课税原则。笔者认为，在违法所得被依法没收前，税务机关应该对其征税，理由如下。

（1）该企业违反金融法律规定，从事了资金融通业务，取得了营业收入，具备了纳税能力。如果不对其征税，而对其他合法的金融业户征税，违反了公平原则和量能课税原则。

（2）不应对违法所得征税的观点，其实是建立在以下两个假设的基础上。

假设一：所有的经营行为是否合法，一目了然

但事实是，很多民商事活动的合法性并不容易判断。比如，虚构煤炭交易事项，但交易事项根本不可能实现，常常价格畸低。再比如以预付货款的形式出借款项，约定一定期限内合同不能履行的，则借款方以违约金的形式支付利息，这种形式是否符合金融法的规定？税务机关很难判断。

妥当的方法是，在被法定机关确认非法并没收非法所得之前，若纳税人尚具备纳税能力，就对其所得征税。如果在征税以前，已经被相关行政机关确认其所得为非法所得并予以没收，此时的纳税人已经不具备纳税能力，税务机关无须征税。因为没收的违法所得最终流向国库，和税款殊途同归，税务机关自然无须多此一举，其也可以在行政机关查处违法行为时紧随其后，做好随时征税的准备。

假设二：违法所得一经发现，全部被没收，并不违反量能课税原则

但事实并非如此。并不是所有的违法所得都会被没收，企业也可能会被警告、拘留、或处以一定数量的罚款。警告、拘留并不影响纳税人的纳税能力。一定数量的罚款，如果其金额相当于税款或超过税款，也并没有影响量能课税原则的实现。但如果罚款数量低于税款呢，就会出现违法者反而得实惠的悖论。

所以，既然两个假设都不成立，不对违法所得征税的观点自然也不成立。税务机关在纳税人的所得未被确认为非法所得并被没收前，应根据量能课税原则对其征税。

63 个人出租住房如何缴税

租房，是生活中的常见情形。在房地产行业里流传一个词，"金九银十"，所谓"金九银十"就是房地产的销售旺季在九月和十月，此时的租房市场也十分火爆。房东出租住房应该如何缴税成为税法实践的热点之一。

整体来讲，个人出租住房涉及增值税、城市维护建设税、教育费附加、地方教育附加（以下简称"附加税费"）、房产税、城镇土地使用税、印花税以及个人所得税等税种。《财政部 国家税务总局关于廉租住房经济适用住房和住房租赁有关税收政策的通知》（财税〔2008〕24号，以下简称"24号文"）规定，对个人出租住房签订的租赁合同，免征印花税；对个人出租住房，不区分用途，免征城镇土地使用税。

出租住房的增值税与附加税费

《财政部 国家税务总局关于全面推开营业税改征增值税试点的通知》（财税〔2016〕36号，以下简称"36号文"）附件2规定，个人出租住房，按照5%的征收率减按1.5%计算、缴纳增值税。实务中，房东如果采取一次性收取租金的形式出租不动产，《国家税务总局关于小规模纳税人免征增值税征管问题的公告》（国家税务总局公告2021年第5号，以下简称"5号公告"）第四条规定，取得的租金收入，可在对应的租赁期内平均分摊，分摊后的月租金收入未超过15万元的，免征增值税。36号文还规定，年应税销售额超过规定标准的其他个人不属于一般纳税人，应属于小规模纳税人。

附加税费方面。个人出租住房的附加税费以纳税人实际缴纳的增值税税额为计税依据，增值税免征的，附加税费也免于征收。对于需要缴纳增值税的情况，个人可以参考《中华人民共和国增值税暂行条例实施细则》第二十九条、《营业税改征增值税试点实施办法》（财税〔2016〕36号）第三条、《增值税一般纳税人登记管理办法》（国家税务总局令第43号）第四条等规定。自然人（即其他个人）可以适用《财政部 税务总局关于实施小微企业普惠性税收减免政策的通知》（财税〔2019〕13号，以下简称"13号文"）规定的增值税小规模纳税人地方税种和相关附加减征优惠政策，其中，自然人所在的省（自治区、直辖市）人民政府制定的落实文件中做出特殊规定的情况除外。13号文指出，2019年1月1日至2021年12月31日期间，省、自治区、直辖市的人民政府可根据本地区实际情况，以及宏观调控需要确定，对增值税小规模纳税人可以在50%的税额幅度内减征附加税费。因此纳税人可以根据所在省（自治区、直辖市）的具体规定，明确附加税费具体的减免优惠政策。

房产税

24号文规定，对个人出租住房，不区分用途，按4%的税率征收房产税。同时，13号文规定，2019年1月1日至2021年12月31日期间，由省、自治区、直辖市的人民政府根据本地区实际情况，以及宏观调控需要确定，对增值税小规模纳税人可以在50%的税额幅度内减征房产税。以北京市为例，个人出租房产采用综合征收的方式，适用2.5%的综合征收率，其中房产税减按2%征收。

需要强调的是，房产出租时，计征房产税的租金收入不含增值税。

个人所得税

24号文第二条明确规定，对个人出租住房取得的所得减按10%的税率征收个人所得税。需要强调的是，房产出租的，个人出租房屋的个人所得税应税收入不含增值税。

《国家税务总局关于个人转租房屋取得收入征收个人所得税问题的通知》（国税函〔2009〕639号，以下简称"639号文"）规定，个人将承租房屋转租取得的租金收入，属于个人所得税应税所得，应按"财产租赁所得"项目计算缴纳个人所得税。

在计算财产租赁所得时，纳税人可依次扣减财产租赁过程中缴纳的税费、向出租方支付的租金、由纳税人负担的租赁财产实际开支的修缮费用以及税法规定的费用扣除标准。个人所得税法规定，财产租赁所得费用扣除标准为，每次收入不超过4000元的，减除费用800元；4000元以上的，减除20%的费用。其中，修缮费用每月最高可扣除800元，不足800元的按实际修缮费用扣除，超过800元一次扣除不完的，准予在下一次继续扣除，直至扣完为止。

代开发票问题

个人出租住房，承租方多为个人，有时也可以是企业。就个人而言，取得发票可以用于提取公积金或办理其他与住房相关事项。对企业，尤其增值税一般纳税人而言，需要取得专用发票进行进项税额的抵扣。

《国家税务总局关于营业税改征增值税委托地税局代征税款和

代开增值税发票的通知》（税总函〔2016〕145 号）规定，其他个人出租不动产，购买方或承租方不属于其他个人的，纳税人缴纳增值税后可以向不动产所在地主管税务机关申请代开增值税专用发票。

根据现行规定，个人出租不动产代开发票需填报 3 份《代开增值税发票缴纳税款申报单》，同时提交载有租金等内容的房屋租赁合同、纳税人身份证原件查验（信息核实无误后合同及证件资料及时退还），即可办理个人不动产租赁发票代开业务。

有些省市已经推出线上代开功能，如广东省电子税务局于 2020 年 4 月就已经推出自然人代开房屋租赁发票新功能。纳税人通过填写相关信息采集申请表，并上传相应附件，即可申请代开发票。

案例解析

2021 年 5 月底，A 将个人住房出租给 B，租期为半年（2021 年 6 月 1 日～ 2021 年 11 月 30 日），合同约定采取租金一次性付清的方式，共计收取租金 30 000 元。因房屋门窗损坏，7 月，A 支付了 300 元修缮费用，支付凭证齐全。

已知当地按照 50% 幅度减征房产税、附加税费等。A 收取的半年租金共计 30 000 元，分摊后的月租金收入为 5000 元，未超过 15 万元的起征点标准，可免缴增值税，进而免缴附加税费。同时，根据 24 号文的规定，A 还可享受免缴印花税及城镇土地使用税优惠。因此，A 出租住房，只须缴纳房产税和个人所得税。

房产税方面，因 A 免缴增值税，在确定房产税计税依据时，租金收入不扣减增值税税额，即每月应缴纳房产税：

$30\ 000 \div 6 \times 4\% \times 50\% = 100$ 元。

个人所得税方面，免征增值税的，在确定计税依据时，租金收入也不扣减增值税额。虽然为一次性收取房租，如 A 与 B 之间存在租赁合同，可在租赁期按月分摊租金。每月租金为 5000 元，可扣除的税金为 100 元，7 月发生的 300 元修缮费用准予扣除。

7 月取得的租金，应申报缴纳个人所得税为：

（5000–300 –100）×（1–20%）×10%=368 元。

其余五个月取得的租金，每月应申报缴纳个人所得税为：

（5000–100）×（1–20%）×10% =392 元。

此外，有一些城市采用了综合征收率，如北京。自 2019 年 1 月 1 日起，北京地区对于个人出租 70 年商品住宅的综合税率进行了调整。其中，月租金收入（不含税）在 10 万元以下的，按照 2.5% 的综合征收率进行征收；月租金收入（不含税）在 10 万元以上的，按照 4% 的综合征收率进行征收。而其他类型房屋，月租金收入（不含税）在 10 万元以下的，按照 7% 的综合征收率进行征收；月租金收入（不含税）在 10 万元以上的，按照 12% 的综合征收率进行征收。

64　契税应当如何缴纳

在日常生活中，房屋买卖是最常见的大宗财产交易。房屋买卖中，交易产生的主要税收大多由出卖人承担，如增值税、所得税等，而买受人承担的最主要的税收就是契税，那么应如何合法缴纳，从而顺利完成房屋产权登记，成了买受人必须关注的事项。

契税应该何时申报

《中华人民共和国契税法》（本节简称《契税法》）规定，在中华人民共和国境内转移土地、房屋权属，承受的单位和个人为契税的纳税人。所谓承受，是指以受让、购买、受赠、交换等方式取得土地、房屋权属的行为。由于买受人最终获得房屋的所有权，因此买受人为契税的纳税人。换言之，如果只是签订房屋租赁合同，那么承租人并未获得房屋的所有权，也就无须缴纳契税。

从民法典的角度，"不动产物权的设立、变更、转让和消灭，经依法登记，发生效力；未经登记，不发生效力，但法律另有规定的除外""不动产物权的设立、变更、转让和消灭，依照法律规定应当登记的，自记载于不动产登记簿时发生效力"。判断买受人是不是房屋的所有权人，仍然应以不动产登记为依据。由此，似乎只有完成登记、获得了所有权的买受人，才可以成为契税的纳税人，如果这样理解，相当于将契税的纳税义务发生时间等同于不动产权登记的时间。

关于契税的纳税义务发生时间，《契税法》明确规定，"契税的纳税义务发生时间，为纳税人签订土地、房屋权属转移合同当日，或者纳税人取得其他具有土地、房屋权属转移合同性质凭证当日"。换言之，契税纳税义务发生时间先于不动产权登记的时间。为实现契税的有效征管，《契税法》沿用了"先税后证"模式，即"纳税人办理土地、房屋权属登记，不动产登记机构应当查验契税完税、减免税凭证或者有关信息。未按照规定缴纳契税的，不动产登记机构不予办理土地、房屋权属登记"。为了方便纳税人办税，2005 年，国家税务总局先后下发了《国家税务总局关于进一步加强房地产税收管理的通知》和《国家税务总局关于实施房地产税收管理一体化若干具体问题的通知》，明确规定："主管税务机关要在房地产交易场所设置税收征收窗口，个人转让住房应缴纳的个人所得税，应与转让环节应缴纳的营业税、契税、土地增值税等税收一并办理"。

那么契税究竟应该何时申报呢，《契税法》实施后，契税的申报期限被延长了，只要纳税人办理土地、房屋权属登记手续前申报缴纳契税，就符合法律规定。换言之，在办理权属登记手续前，纳税人向税务机关申报，并按照税务机关核准的税额按期纳税，就不存在滞纳税款的情形。

申报契税应该准备哪些资料

纳税人申报时，应填报《财产和行为税税源明细表》(《契税税源明细表》部分)，并根据具体情形提交下列资料。

（1）纳税人身份证件；

（2）土地、房屋权属转移合同或其他具有土地、房屋权属转移合同性质的凭证；

（3）交付经济利益方式转移土地、房屋权属的，提交土地、房屋权属转移相关价款支付凭证，其中，土地使用权出让为财政票据，土地使用权出售、互换和房屋买卖、互换为增值税发票；

（4）因人民法院、仲裁委员会的生效法律文书或者监察机关出具的监察文书等因素发生土地、房屋权属转移的，提交生效法律文书或监察文书等。

契税的计税依据应该如何确定

《中华人民共和国契税法》规定，房屋买卖的契税计税依据为合同确定的成交价格，包括应交付的货币以及实物、其他经济利益对应的价款。但纳税人申报的成交价格明显偏低且无正当理由的，由税务机关依法核定。因此申报缴纳契税时，纳税人应当注意申报的价格是否合理。

对于所谓的明显偏低，目前税法领域中并无法定的标准，一般参考《中华人民共和国民法典》第五百三十九条在实践中的适用，转让价格达不到交易时交易地的指导价或者市场交易价百分之七十的，一般可以视为明显不合理的低价。至于正当理由，在实践中，如果该价格是法院判定或裁定的转让价格、家庭成员之间的低价转让，以及凶宅或是房屋存在结构性问题等，价格明显偏低可被视为有正当理由。

在存量房交易税收征管实践中，各地税务机关陆续推广运用房地产估价技术来加强存量房交易税收管理。在申报交易价格时，纳税人只需要填写成交价格，而评估价格和计税价格则由系统自动生成。简单来说，电脑对评估系统自动生成的评估价格与纳税人申报的成交价格进行比对，按照孰高原则确定：申报价格高于评估价格的，以申报价格作为计税价格；申报价格低于评估价格的，以评估价格作为核定的计税价格。

此外，申报的成交价格应该是不含增值税的，因此成交价格 =
房屋总价 ÷（1+ 增值税征收率或增值税税率），目前个人买卖房
屋一般适用征收率为 5%。简单来说，如果买卖房屋，买受人实际
支付的全部价款为 105 万元，同时不符合增值税免税情形，申报
的成交价格应该为 105 ÷（1+5%）=100 万元。如符合增值税免税
情形，那么申报的成交价格应为 105 万元。

契税的完税凭证

契税完税凭证是由负责征收房产交易税收的税务部门向购房
者开具的一种税收完税凭证，它代表购房者已缴纳相应税款。在
进行二手房交易时，除了不动产权证书，契税完税凭证也是房屋
所有人持有房屋年限的证明，会影响其销售房屋的增值税和个人
所得税的计算与免税问题。若纳税人丢失契税完税凭证，但确实
已缴纳税款，经税务机关核实，纳税人可以申请开具"契税缴
（免）税证明"，以代替契税完税凭证原件。

契税的退税

《中华人民共和国契税法》以及国家税务总局公告规定了向税
务机关申请退还已缴纳契税的法定情形，具体而言，纳税人应提
供纳税人身份证件，完税凭证复印件，并根据不同情形提交相关
资料。

（1）在依法办理土地、房屋权属登记前，权属转移合同或合
同性质凭证不生效、无效、被撤销或者被解除的，提交合同或合

同性质凭证不生效、无效、被撤销或者被解除的证明材料；

（2）因人民法院判决或者仲裁委员会裁决导致土地、房屋权属转移行为无效、被撤销或者被解除，且土地、房屋权属变更至原权利人的，提交人民法院、仲裁委员会的生效法律文书；

（3）在出让土地使用权交付时，因容积率调整或实际交付面积小于合同约定面积应退还土地出让价款的，提交补充合同（协议）和退款凭证；

（4）在新建商品房交付时，因实际交付面积小于合同约定面积应返还房价款的，提交补充合同（协议）和退款凭证。

税务机关收取纳税人退税资料后，应向不动产登记机构核实有关土地、房屋权属登记情况。核实后符合条件的即时受理，不符合条件的，一次性告知应补正资料或不予受理原因。

65 海淘商品交税了吗

由于跨境电商的发展和物流的便捷，很多消费者在购物的时候也会考虑采用海淘的方式。但是海淘本质上属于进口，进口需要征税可以说已是一种普遍的认知，但交什么税？如何交？交多少？实际上其中有很多问题值得探讨。

首先，进口时应区分是货物还是物品。货物，即意味着属于商业交易；而物品，主要为文件票据、旅客分离行李、亲友馈赠物品等，其"非贸易"属性较为明显。对于前者，涉及进口关税、进口环节增值税、消费税；对于后者，则涉及进境物品进口税，即行邮税。

其次，如果是从海外的个人处购买相关商品，虽然该交易本质上属于商业交易，但通常情况下海外的个人商家不会做进口货物申报。之所以进行物品申报，主要因为从实践层面来看，通过邮政渠道清关的物品，如德国的 DHL、美国的 USPS、日本的 EMS 等，都是通过抽检的方式清关，并非 100% 征税。

进境物品进口税的税率，根据物品的种类，有 13%、20%、50% 三档。从规则层面看，《关于调整进出境个人邮递物品管理措施有关事宜》（海关总署公告 2010 年第 43 号）规定，其一，享受税收优惠政策，即应征进口税税额在 50 元（含 50 元）以下的，海关予以免征。其二，存在限值规定，个人寄自港、澳、台地区的物品，每次限值为 800 元；寄自其他国家和地区的物品，每次限值为 1000 元。其三，个人邮寄进出境物品超出规定限值的，应办理退运手续或者按照货物规定办理通关手续。但邮包内仅有一件物品且不可分割的，虽超出规定限值，经海关审核确属个人自用的，可以按照个人物品规定办理通关手续。

由于海淘代购的产品多为母婴类、化妆品类、箱包类，主要适用 13% 与 20% 的税率，奢侈品或高档化妆品类则适用 50% 的税率。通常情况下以物品申报，如果被抽检，则会被征收物品税，税额也超过 50 元。在补税的时候还涉及价格核定，如超过限值也按照进口货物征税。对于消费者而言，要承担较高的进口税。

再次，如果海外销售的商家按照跨境电商零售进行申报，主要包括"网购保税进口"（海关监管方式代码 1210）或"直购进口"（海关监管方式代码 9610）两种情况。现行税法规定，针对《跨境电子商务零售进口商品清单》上的商品，单次交易在 5000 元以内的，关税税率为零。进口环节增值税、消费税取消免征税额，暂按法定应纳税额的 70% 征收。

最后，以几个例子对上述不同进口申报方式进行说明，假设以下例子交易涉及的运费均为零。

消费者 A，向海外个人代购儿童推车，价值 1500 元。由于超过限值，应当按照进口征税。最惠国税率为 6%，关税为 90 元。增值税税率为 13%，进口环节增值税为（1500+90）×13%=206.7 元。

消费者 B，向海外商家购买儿童推车，价值 1500 元。按跨境电商零售进口申报，没有超过单次 5000 元的限值，因此免征关税，增值税税率为 13%，进口环节增值税为 1500×70%×13%=136.5 元。

消费者 C，向海外个人代购儿童玩具，价值 300 元。未超过限值，进口物品税 13%，因此进口税为 300×13%=39 元，未超过 50 元，予以免征。

消费者 D，向海外商家购买儿童玩具，价值 500 元。按跨境电商零售进口申报，没有超过单次 5000 元的限值，因此免征关税，增值税税率为 13%，进口环节增值税为 500×70%×13%=45.5 元。

由此可见，消费者在选择海淘后，应当根据商品的类型、价值以及报关方式，对商家进行选择，从而合法合理地降低进口税负。

66 纳税人主动补缴税款有何现实意义

　　实践中，往往会有纳税人主动补缴税款的情形。其中既有税务机关实施检查前的补缴，也有实施检查后的补缴。

　　对于前者，根据《国家税务总局办公厅关于呼和浩特市昌隆食品有限公司有关涉税行为定性问题的复函》（国税办函〔2007〕513号），税务机关在实施检查前纳税人自我纠正属补报补缴少缴的税款，不能证明纳税人存在主观的偷税故意，而《税收征管法》的偷税具备主观故意、客观手段和行为后果，因此不应将其定性为偷税。

　　而对于后者，在税务稽查阶段中，纳税人主动补缴税款，往往有两类情形。一类是为了逃避处罚，在结案之前补缴少缴的税款；另一类是其税收违法行为不存在主观故意，在稽查中认识到错误，自查自纠并主动补缴税款。对于这两类情形，无论哪个都不应影响对其行为性质的认定。

　　此外，在实务中还需要注意以下两点。

　　第一，纳税人具备主观故意，实施偷税行为，造成未缴、少缴税款。税务机关在认定纳税人不缴或者少缴税款的行为是否属于偷税时，应当严格遵循《税收征管法》相关规定。

　　《国家税务总局关于税务检查期间补正申报补缴税款是否影响偷税行为定性有关问题的批复》（税总函〔2013〕196号）明确了

纳税人未在法定的期限内缴纳税款，且其行为符合《税收征管法》第六十三条规定的构成要件的，即构成偷税，逾期后补缴税款不影响行为的定性。纳税人主动补缴税款虽然无法改变其行为的定性，但根据《中华人民共和国行政处罚法》第三十二条，主动补缴税款符合"应当从轻或者减轻行政处罚"的情形之一。纳税人主动补缴税款，无论从税收征收层面来看，还是从税务行政处罚层面来看，都有着一定的积极意义。

根据公开信息，上海市税务部门对于郑某偷税案件的处罚标准的界定，答复为：考虑到郑某偷逃税案件发生在 2018 年规范影视行业税收秩序以后，主观故意明显，区分其不同的违法行为后，税务机关依法从严进行处罚。其中，郑某偷逃个人所得税 4500 余万元，并对改变收入性质偷税 760 余万元，处以 4 倍罚款计近 3070 万元；对完全隐瞒收入偷税 3750 余万元，处以 5 倍罚款计约 1.87 亿元。

而对于网红偷税案件的处罚标准的界定，某市税务部门答复为：综合考虑朱某、林某在税务稽查立案后较为配合，在案情查实前主动补缴部分税款，具有主动减轻违法行为危害后果等情节，拟对二人处 1 倍罚款。其中，朱某偷逃个人所得税 3000 余万元，处 1 倍罚款计 3000 余万元；林某偷逃个人所得税 1300 余万元，处 1 倍罚款计 1300 余万元。

由此可见，对于实施偷税行为，造成未缴、少缴税款的纳税人而言，主动补缴税款，除了能够降低税款滞纳金的加收金额，还会显著影响税务部门最终的处罚幅度。特别是当偷税税款本身金额巨大时，在法律规定的处罚的幅度范围内，是处 1 倍罚款，还是 4 倍或 5 倍罚款，处罚力度上都会体现出更明显的差异。

　　第二，纳税人实施非偷税行为造成未缴、少缴税款的，一般不涉及行政处罚，但在追缴税款的同时，税务机关一般应对其加收滞纳金。现行税收征管相关法律制度规定，从滞纳税款之日起，按日加收滞纳税款万分之五的滞纳金，并没有对纳税人自查补税予以滞纳金减免优惠。纳税人若主动补缴税款，税务机关在计算滞纳金时，可以降低税款滞纳金的加收金额。